novum pro

AF162633

Rose K.

# Der **Tag**, an dem die **Vergangenheit** zur **Zukunft** wird

## A True Vision

www.novumverlag.com

Bibliografische Information
der Deutschen Nationalbibliothek:

Die Deutsche Nationalbibliothek
verzeichnet diese Publikation in
der Deutschen Nationalbibliografie.
Detaillierte bibliografische Daten
sind im Internet über
http://www.d-nb.de abrufbar.

Alle Rechte der Verbreitung,
auch durch Film, Funk und Fernsehen,
fotomechanische Wiedergabe,
Tonträger, elektronische Datenträger
und auszugsweisen Nachdruck,
sind vorbehalten.

© 2015 novum Verlag

ISBN 978-3-99048-286-5
Lektorat: Susanne Schilp
Umschlagfoto: Rose K.
Umschlaggestaltung, Layout & Satz:
novum Verlag

Gedruckt in der Europäischen Union
auf umweltfreundlichem, chlor- und
säurefrei gebleichtem Papier.

**www.novumverlag.com**

Das Leben zeigt uns,
in welche Richtung wir schauen müssen –
was wir sehen,
bestimmen wir jedoch selber.

ଓ୫

# Vorwort

Die Entwicklungen der Welt, in den letzten hundert Jahren, sind in jeder Hinsicht, einfach unglaublich. Alles befindet sich auf dem technischsten Höchststand, komplett computerisiert, und wir kommunizieren weltweit miteinander. Die Erde hat genug Ressourcen, um alle menschlichen Bedürfnisse abzudecken. Es ist so viel Geld vorhanden, dass, wenn man es auf alle Erdenbewohner gleichmäßig aufteilt, jeder Einzelne, 10 Millionen Dollar erhalten würde.

Trotzdem ...
- 800 Millionen Menschen sind unterernährt.
- 43 Millionen Menschen hungern im reichen Europa.
- Täglich sterben mehr als 43 Arten von Lebewesen aus, weil ihre Lebensräume vom Menschen zerstört werden.
- In Drittwelt-Ländern haben 60 % der Leute keinen Zugang zu Trinkwasser.
- Ein Viertel des sauberen Wassers der Erde, ist unbrauchbar geworden – durch die Luftverschmutzung.
- Jeden Tag verlieren wir über 280 Quadratmeilen vom Tropischen Wald, was wiederum das Weltklima total verändert.
- Jede Minute werden über 78 Millionen Fässer Öl verbrannt.
- Billionen Dollar werden verschwendet an Kriege und Waffen.
- Täglich verwandeln sich mehr als 70 Quadratmeilen fruchtbare Erde in Wüste.
- Wasser wird zur Schicksalsfrage.
- Für das alljährliche beschneien, von künstlichen Skipisten, werden rund 1.000–1.200 $m^3$ Wasser, pro ha, verschwendet.

- Alle 15 Sekunden geschieht ein Verbrechen in den Vereinigten Staaten.
- Millionen von Menschen leben unter der Armutsgrenze.
- Eltern verkaufen ihre eigenen Kinder.
- „Gruppenvergewaltigungen" finden überall auf der Welt statt, oft mit tödlichem Ausgang.
- Säuglinge und Kinder werden sexuell missbraucht.
- In der Schweiz bringt sich alle 6 Stunden ein Mensch um, meistens sind es Jugendliche.
- Menschliche Organe sind ein Billionengeschäft.
- Kinder und Jugendliche leiden unter Depressionen – unfähig, sich in unserer Welt zurechtzufinden.
- Der Menschenhandel ist größer als die Sklaverei im vorherigen Jahrhundert.
- Kinderarbeit ist wieder verbreitet wie im Mittelalter.
- Frauen werden immer noch gesteinigt oder bei lebendigem Leib verbrannt.
- Tiere werden täglich misshandelt und auf grausame Art umgebracht.
- Nutztiere werden unter unbeschreiblichen Bedingungen gehalten und mit Todesqualen transportiert, aufgeschnitten und oft bei Bewusstsein für unseren Fleisch-Konsum zerlegt.
- Viele Meere sind leergefischt.
- In China werden Hunde und Katzen lebend ins kochende Wasser geworfen, damit das Fleisch besser mundet.
- Zur Pelzgewinnung werden die Tiere lebend gehäutet.
- Die Bodenschätze der Antarktis, sowie im Rest der Welt, werden brutal ausgebeutet.
- Terror-Anschläge sind an der Tagesordnung.
- In Thailand werden die Shrimps-Fischer jahrelang auf Booten, wie Sklaven, gefangen gehalten und über Bord geworfen, wenn sie krank werden.

- Ebola, eine tödliche Viruserkrankung, ist in Westafrika ausgebrochen.
- Jahrhunderte alte Kulturen und Traditionen, so wichtig für unser Sozialverhalten, verschwinden einfach.
- Krebs, Diabetes, Alzheimer sowie mentale Krankheiten verbreiteten sich wie Lauffeuer.
- Burn-out – Die Managerkrankheit hat die Grundschule erreicht.
- Manche Kinder erblicken nie das Licht der Welt – weil sie Mädchen sind.
- 60 Millionen Menschen sind auf der Flucht …

Gegenwärtig erleben wir eine Phase, in der Krisen und Probleme, sowohl global als auch individuell, rasant zunehmen und trotz des scheinbar hohen Entwicklungsstandes der Menschheit nicht gelöst werden können.

Auf unserem Planeten müsste kein Kind verhungern oder verdursten, wenn wir alles richtig machen würden – ein Kind, das heute verhungert, stirbt nicht … nein, es wird ermordet. Warum kommen so viele Lebensmittel nie bei den Hungernden an? Wie können wir dem Land und den Ozeanen noch mehr abgewinnen, ohne sie zu zerstören? Wer verhindert, dass Nahrung und Trinkwasser als Spekulationsobjekte an Börsen missbraucht oder als Machtinstrumente eingesetzt werden? Politik, Wirtschaft und Forschung sind gefordert, denn schon 2050 wird die Weltbevölkerung auf etwa zehn Milliarden Einwohnern angewachsen sein. Seit 2008 wächst die Menschheit dreimal schneller als die Agrarproduktion. Kann Gentechnik da ernsthaft eine Lösung sein? Muss Afrika zu einer Mega-Plantage werden, dirigiert von neuen Kolonialmächten? Oder reicht es schon, das Vorhandene besser zu verteilen? Große Teile der Ernten fallen Misswirtschaft und Verschwendung zum Opfer. Veränderte

Lebensgewohnheiten in Boom-Ländern wie China sorgen für Wassermangel, und das Vordringen der Wüsten ist unaufhaltbar. Probleme, unter denen selbst das reiche USA leidet.

Der Mensch – ursprünglich als der Verwalter der irdischen Schöpferkraft gedacht – ist selber zur größten Bedrohung für diesen Planeten geworden. Er vergiftet seinen Körper mit suchtbildenden Substanzen und verseucht sein Gehirn mit Bildern der Kriminalität, der Gewalt und des Todes. Der aktuelle Zustand unserer Welt ist nichts anderes als die Spiegelung jedes Einzelnen und seines kollektiven Bewusstseins. Unsere Gedanken holen uns in Form von Erfahrungen ein.

Erschütternd ist nicht, dass die Zivilisation, durch die sich gegenseitig dynamisierenden Klima-, Energie-, Flüchtlings- und Kriegskrisen zusammenbricht, sondern dass das jeder weiß, der es wissen will. Doch wer ein Haus putzen will, muss zuerst den Dreck sehen.

Wann hat das angefangen … und wie soll das enden?

Die Antwort liegt beim einzelnen Individuum. Die Zerstörung begann, als der Mensch sich zum Exzentriker entwickelte – nachdem er sein Zentrum, seine innere Mitte, verlassen hatte, denn was er dem Anderen und der Umwelt antut, hat er sich selber schon lange angetan.

Emotionen wie Eifersucht, Feindseligkeit, Abscheu, Ablehnung, Misstrauen, Rachsucht, Wut, Angst, Hass, Frustration, Schuldzuweisung, Ekel, Bitterkeit, Rivalität und Überheblichkeit gehören zum Alltag. Die UNZUFRIEDENHEIT ist riesig. Menschliche Schwächen und schlechte Charaktereigenschaften haben ihre Wurzeln immer in der Angst. Es ist die phänomenale Kraft der negativen Schwingungen, die Massen von Menschen ständig aussenden, was uns alle von der Lebenskraft des Wohlbefindens abschottet.

Der Ursprung allen Übels, welcher seit Hunderten von Jahren immer wieder durchsickert, sind schwaches Selbstbewusstsein, Minderwertigkeitsgefühle und Verunsicherungen der Menschen. All das führt zu negativen Emotionen, Größenwahn, Krieg und Streit, dabei wäre unsere Mission doch so einfach: „Liebet einander und vermehret euch." Wahrhaftige Liebe zu empfinden und weiterzugeben, braucht jedoch viel Größe und Selbstsicherheit, denn: Geliebt zu werden, verleiht Stärke, aber jemanden zu lieben, das ist mutig und braucht Courage.

Ja, das Vitamin EL 8/Eternal Love/Unendliche Liebe, welches Kraft und Balance für ein erfülltes Leben garantiert, ist ausverkauft. Doch die Liebe ist unser Schicksal, weil wir den Sinn des Lebens alleine nicht finden.

Für die Meisten gibt es jedoch nichts anderes als die körperliche Realität. Sie leben in einer Welt der körperlichen Schmerzen und der körperlichen Freuden. Da sie von der physischen Realität völlig in Anspruch genommen sind, erziehen sie die nächste Generation zum reinen Materialismus, und der Planet ist zu ihrem Spiegel geworden.

# 1.

Wie doch die Zeit vergeht; nun ist es schon drei Jahre her, seit Lilian und ihre Tochter Johanna den Nachtflug von Mumbai nach München nahmen. Der Weiterflug nach Washington war ruhig, sehr angenehm, und über den Wolken dachte Lilian damals, über das vergangene – sehr intensive – Jahrzehnt nach. Sie erinnerte sich noch ganz genau an all die zahllosen dunklen Lebenswege und daran, wie viel sie dazugelernte, wenn sie sich mal verlaufen hatte. Trotzdem fand sie das Licht, es ist immer da gewesen, auch in den dunkelsten Gassen des Lebens. Lilian hatte nicht immer, was sie sich wünschte, aber immer, was sie brauchte, und nur was sie schon gefühlt hat, besitzt sie auch.

All dies lag nun hinter ihr; die Ohnmacht beim Fortgehen ihres Mannes, der anstrengende Kampf gegen den Krebs, die Hilflosigkeit beim psychischen Zusammenbruch beider ihrer Töchter und die finanzielle und emotionale Not in einem fremden Land.

Heute weiß sie, dass wir alles im Leben selber aussuchen, mit der Absicht, daran zu wachsen, und immer haben wir die Wahl, wie wir es erleben.

Es ist wieder November, und Lilian, die gebürtige Walliserin, lebt nun wieder in ihrer Heimat, der Schweiz. Santa Fe, die Stadt des Glaubens in New Mexico, hat sie vor zwei Jahren verlassen, nachdem eine Dame aus New York ihren liebevoll eingerichteten Selbsthilfeladen, an der Plaza, übernommen hatte.

Johanna, die ältere Tochter, inzwischen 29 Jahre alt, hat ihre Lebenskrise fantastisch gemeistert. Sie musste ihre eigenen Grenzen erreichen, um neues Land zu betreten. Nachdem sie sich intensiv mit der Selbsterkennung beschäftigte, konnte sie ihre Selbstwerteinschätzung sowie Lebensvorstellung neu definieren. Nur wer sich bewusst wahrnimmt, kennt seinen Weg, weiß an Kreuzungen, welche Richtung einzuschlagen ist und kann somit auf sein Lebensziel zusteuern. Die gelernte Krankenschwester ist nun Leiterin der Aufwachstation im Spital „Christus St. Vincent" von Santa Fe und absolviert nebenbei den Bachelor of Science in Nursing. Privat läuft es für die ausgewanderte Schweizerin ebenfalls blendend.

Auf dem wöchentlichen Bauernmarkt hatte sie, nur so aus Spaß, einem gut aussehenden jungen Mann hinterher gepfiffen, und zwar laut, mit zwei Fingern im Mund. Dieser drehte sich überrascht um, und ihr fiel nichts Besseres ein, als zu sagen, dass sie die Liebe seines Lebens sei und er es einfach noch nicht wisse. Darauf antwortet der Wissenschaftler, der im nahegelegenen Tesuque lebt, gelassen: Ok, beweise es mir. Und seitdem sind die beiden unzertrennlich. Gemeinsamkeiten wie Fischen, Campen und überhaupt alles, was mit der Natur zu tun hat, faszinieren das Paar, und macht beide sehr glücklich.

Auch Margrit, die jüngere Tochter von Lilian, hat ihren Traum wahr gemacht, die Universität erfolgreich abgeschlossen und ist nun eine leidenschaftliche Lehrerin in Long Beach, Kalifornien. Sie lebt mit ihrer Freundin in einem süßen Appartement, ganz nahe beim Strand.

Die Tatsache, dass sich ihr Baby Girl im Alter von 25 Jahren plötzlich entschieden hat, dass sie lieber Frauen mag, hat Lilian anfangs sehr beschäftigt. Sie hatte absolut keine Kenntnisse in diesem Bereich, denn niemand anderes aus ihrem Bekanntenkreis hatte sich bis dahin in diese Richtung bewegt, und der Fakt, dass sie eigentlich eine aufgeschlossene, flexible und moderne Psychotherapeutin ist, half in der Situation nicht wirklich.

Sechs Monate hatte Lilian daran gearbeitet, die Wahl ihrer Margrit zu verstehen, zu akzeptieren und zu respektieren – und zwar genau in dieser Reihenfolge. Das Leben ist doch schon kompliziert genug, dachte sich Lilian damals, und genau dieser Lebensumstand zeigte ihr, dass man es sich nicht aussuchen kann, wen man liebt – man liebt einfach, und diese Erfahrung gehört nun mal zu Margrits Lebensweg.

Das Weibliche hat einen intuitiven Zugang zur Wirklichkeit, und wenn man den als Frau nicht aktivieren kann, sucht man danach. Wie in allen zwischenmenschlichen Beziehungen setzt sich dann das Gesetz der Anziehung durch. Da Gleiches; Gleiches anzieht, findet man die Person, die sich nach dem Gleichen sehnt, und es wird einem der Spiegel vorgesetzt, damit wir es noch besser erkennen, woran wir arbeiten müssen. Denn keine andere Person kann uns etwas geben, was wir nicht willig sind, uns selber zu geben. Somit dreht sich alles im Leben um Beziehungen – und nirgendwo sonst können wir so viel über uns und die Welt erfahren. Dadurch sind viele Partnerschaften verbunden in ihren Schwächen, um zu wachsen, denn das Ziel sind unabhängige Beziehungen, die verbunden sind in ihren Stärken.

Wie all die wertvollen Erkenntnisse in Lilians bisheriger Lebensschule brachte auch diese Einsicht sie wieder einen großen Schritt weiter. Jedoch um die Menschen und ihre Handlungen zu begreifen, muss man zuerst sich verstehen und erkennen, damit die Wahl, die die Anderen für sich treffen und wie sie sich dabei verhalten, auf keinen Fall persönlich genommen wird.

*Liebe ist die Fähigkeit, den Menschen,*
*die uns wichtig sind, die Freiheit zu lassen, die sie benötigen,*
*um so sein zu können, wie sie sein wollen – unabhängig davon,*
*ob wir uns damit identifizieren können oder nicht.*
*George B. Shaw, 1928*

Wir sehen die Dinge oftmals nicht so, wie sie sind, sondern wie wir sind. Darum überlegt Lilian heute, nach einer Action des Gegenübers bewusst, wie ihre Reaktion ausfällt und konzentriert sich auf die Definition ihres eigenen Verhaltens. Dadurch entfällt auch unser ständiges Urteilen, was schlussendlich immer wertend ausfällt und auf Dauer trennt.

Lilian ist sehr stolz auf ihre Töchter, und zu wissen, dass sie glücklich sind, beruhigt sie täglich, so weit weg in der kleinen Schweiz. Lange arbeitete die Fünfzigjährige an dem Phänomen des berühmten Loslassens, bis ihr klar wurde, dass dieses nur funktioniert, wenn der Andere auch wirklich losgelassen werden will. Diese Absolution gibt man der loslassenden Person, indem man ihr bestätigt, dass man ok ist, glücklich, und alleine zurechtkommt, und nur so können sich beide Parteien befreien – loslassen. Manipulation spielt dabei eine große Rolle, bei Eltern und Kindern – wie auch Partnern.

Sicher, die Distanz und die Sehnsucht nach den Girls machen Lilian immer wieder schwer zu schaffen, schließlich standen die Drei sich, durch die gemeinsamen Schicksalsschläge, halt doch sehr nahe. Lilians Entscheidung, Amerika zu verlassen und die Mädchen ihren eigenen Erfahrungen zu übergeben, mit dem tiefen Versprechen, dass die Mutter immer da sein wird, wenn sie ihre Unterstützung brauchen, war jedoch für alle schlussendlich genau richtig. Erst jetzt erkannte die Schweizerin, wie fokussiert sie in all den Jahren auf die Kinder gewesen war und dass sie einen zu hohen Teil von ihrem Lebensinhalt einnahmen, gemessen daran, dass beide schon bereits Ende zwanzig waren. Nun hieß es, den leeren Beutel mit neuen Lebensvorstellungen, unabhängig von Land und Familie, zu füllen – einfach nur angepasst an die ganz persönlichen Bedürfnisse, den erreichten Lebensabschnitt und die eigene Wertvorstellung. Sie definierte ihre Absicht, dann traf sie die Entscheidung – wohlüberlegt, denn die Wahl unserer Entscheidungen kreiert immer unser Leben. Wir sind der Autor unserer eigenen Geschichte.

Wow, diese neu gewonnene Freiheit erschien wunderschön und zugleich etwas beängstigend, weil sie ungewohnt war. Irgendwie fällt es den Menschen einfach leichter, Dinge für jemand Anderen oder für einen gewissen Zweck zu vollbringen, und wenn es dann plötzlich „nur" zum eigenen Glück geschehen soll, haben viele Zweifel; man erzieht uns nicht dazu, dass wir an unsere Außergewöhnlichkeit glauben. Wir verstecken uns lieber hinter Pflichten und Verpflichtungen. Es wäre ja so viel einfacher, wenn die Anderen uns glücklich machen würden und uns einen Sinn zu leben geben könnten.

So fangen die meisten Depressionen an. Man wird tieftraurig, weil man sich nicht mehr motivieren kann, sein eigenes Dasein selber zu bestimmen und die Eigenverantwortung für ein erfülltes Leben zu übernehmen. Ein Auslaufen der Seele beginnt, vor allem, wenn man sich jahrelang abgelenkt hat, indem man z.B. sich immer für Andere aufopferte, nur arbeitete usw. – man hat total vergessen: Was stimmt für mich …?

Die beste Medizin, die Lilian als Fachtherapeutin ihren Kunden dann verschreibt, ist – bewusst genießen und zwar acht Dinge pro Tag/21 Tage lang. Die Morgendusche, den Kaffee, die frische Luft auf dem Weg zur Arbeit oder Schule, das erste Lächeln des Tages usw. denn durch das intensive Genießen werden genau die Sinne aktiviert, welche fähig sind, Schwermut und Depressionen zu vernichten und das Ganze ohne Nebenwirkungen. Warum 21 Tage? Es ist neuropsychologisch bewiesen, dass eine Um- oder Neuprogrammierung des Hirns genau drei Wochen dauert und Einstellungen in dieser kurzen Zeit grundlegend geändert werden können. Wir müssen unsere Überzeugungen nicht loslassen, wir hinterfragen sie einfach, und dann lassen sie uns los.

Wenn man dann in diesen Tagen, das Genießen wieder erlernt und so richtig spürt, mit all den dazugehörenden Sinnen, fällt es nachher leicht herauszufinden: ... Was will ich denn überhaupt genießen ... wie ist es, wenn sich etwas gut anfühlt? Und dann kann ich wählen, was mich glücklich macht und mein Leben neu kreieren.

Glück ist, die vielseitigen Gesetze des Lebens zu verstehen, jedoch das größte Glück liegt darin, überhaupt die Fähigkeit zu haben, glücklich zu sein.

Diese Erkenntnis der Neuprogrammierung wendet Lilian seit Jahren erfolgreich auch bei sich an, vor allem, wenn sie an einer Persönlichkeits-Weiterentwicklung arbeitet, alte Muster ablegen will sowie Denkweisen erneuern möchte, und immer ist ihr bewusst, dass diese kleinen Wunder nur 21 Tage dauern.

# 2.

Als Lilian vor drei Jahren an diesem kalten und extrem windigen Januarabend in Zürich landete, war sie gespannt, was auf sie zukommen würde. Die Wohnung und eine fantastisch lokal gelegene Praxis, beides mitten im Herzen der Rosenstadt Rapperswil, hatte sie im Spätherbst bereits gemietet.

Die exklusive Stadt am Zürichsee hat viel zu bieten. Nebst der malerischen Altstadt und dem mittelalterlichen Schloss präsentiert sich Rapperswil im Sommer in voller Blütenpracht. In den vier Rosengärten und weiteren öffentlichen und privaten Anlagen blühen über 20.000 Rosenpflanzen. Die Seepromenade und die circa 600 Jahre alte Fußgänger-Holzbrücke nach Hurden verleihen der Stadt eine besondere Atmosphäre. Aber nicht nur die historischen Bauten, auch die zahlreichen Events und kulturellen Veranstaltungen prägen das Stadtleben von Rapperswil. Der Christkindlimärt, das Seenachtfest sowie das blues'n'jazz-Festival sind nur einige der Attraktionen von Rapperswil. Familien kommen im Knies Kinderzoo auf ihre Kosten, und Kunst- und Kulturliebhabern stehen zahlreiche Museen zur Verfügung. Wer lieber auf Shopping-Tour geht, kann Rapperswil als attraktives Einkaufsziel mit diversen Fachgeschäften und Cafés kennenlernen.

Da Lilian die letzten 14 Jahre in den Staaten verbrachte, hatte sie keine Ahnung, was sie erwartete und wie die Schweizer auf ihre Praxis der Psychoonkologie/Hypnosetherapie reagieren würden.

Die Hypnosetherapie benutzt man als Anregung des Unterbewusstseins zur Problemlösung, und die Erfolgsquoten in den Staaten sind bahnbrechend. Lilian nahm sich extra viel Zeit beim Erlernen dieses Berufes, welchen man schon fast als Berufung bezeichnen kann, und zwar mit einer seriösen, von Kliniken anerkannten Ausbildung von über 4 Jahren – alle lebensnahen Praktika mit eingerechnet. Heute weiß sie, dass man eigentlich nie ausgelernt hat, wenn man ein vertrauenswürdiger kompetenter Therapeut sein will. Man muss über tiefe Empathie, absolute Echtheit und großes Interesse verfügen, denn man arbeitet täglich mit den Emotionen von Menschen und mit dem, was sie damit assoziieren. Es handelt sich hier um Mitgefühl, nicht Mitleid – welches niemandem hilft.

Hypnosetherapie ist ein Heilverfahren. Mithilfe einer besonderen Form der Kommunikation zwischen dem Therapeuten und dem Patienten gelangt man in einen Trancezustand unterschiedlicher Tiefe. So kann man sich auf einer anderen Bewusstseinsebene erleben: nicht rational und analytisch, sondern sinnesbezogen, phantasievoll und intuitiv.

Da gibt es oftmals diese Reaktionen und Stressauslöser, die uns unerklärlich sind und gerade diese Therapie findet dann das dazu passende Gefühl, welches damals ignoriert oder nicht analysiert, lebendig begraben wurde und somit noch nicht gestorben ist – es geht also um Ursachenbekämpfung und nicht um Symptom-Streichelung.

Belastende Ereignisse müssen verarbeitet werden, damit die geistige Gesundheit erhalten bleibt. Heilsamer Umgang mit dem geistigen Wohlbefinden bewahrt vor Krankheiten. Der Mensch ist eine Einheit. Das klinische Verfahren kann auch dazu eingesetzt werden, die Auslöser eines Schmerzzustandes oder einer Krankheit zu klären und deren lebensgeschichtlichen Hintergrund zu untersuchen.

Diese Methode setzt Lilian, als ärztlich zertifizierte Psychoonkologin, auch bei Krebskranken ein. Psychoonkologie ist die Lehre der psychosozialen Begleitumstände von Krebs:

Präventiv, akut oder als Nachsorge. Eine Krebserkrankung hat oft weitreichende Auswirkungen auf das ganze Leben der Betroffenen und Angehörigen – im physischen, psychischen und sozialen Bereich. Die somatischen und psychosozialen Zusammenhänge sind komplex und vielseitig. Das Leben wird mitunter existenziell infrage gestellt. Das Fachgebiet der Psychoonkologie beschäftigt sich mit den Zusammenhängen zwischen der Erkrankung, den emotionalen Ursachen sowie auch den Auswirkungen und bietet den Betroffenen sowie Angehörigen zielgerichtet Unterstützung bei der Bewältigung der veränderten Lebenssituation.

Bereits jeder Vierte stirbt heute an Krebs – Tendenz steigend! Nach Schätzungen wird in Zukunft jeder Dritte weltweit im Laufe seines Lebens mit der Diagnose „Krebs" konfrontiert werden. Jährlich erkranken alleine in der Schweiz 37.000 Menschen, und vielen Betroffenen bleibt nichts anderes, als das Martyrium einer Chemo- oder Bestrahlungstherapie über sich ergehen zu lassen, oft bei schlechter Lebensqualität und mit zweifelhaftem Nutzen.

Wie kommt es überhaupt, dass trotz Milliarden an Forschungsgeldern weltweit ein wirklich erfolgreiches Krebsheilmittel noch nicht gefunden werden konnte – ja, die Fachleute sogar noch immer über die Natur der Krankheit rätseln? Und woran liegt es, dass die Krebsrate in westlichen Industriestaaten ständig und rapide ansteigt, während es Völker auf der Erde gibt, bei denen Krebs bis auf den heutigen Tag unbekannt ist?

Ja sicher, die Leute werden älter, und früher oder später macht sich bei den Meisten ein Tumor bemerkbar. Die Zahl der Jungen jedoch, die an dieser Krankheit leiden, hat enorm zugenommen. Wir alle suchen nach einem Schuldigen; sind es die westlichen Lebensgewohnheiten – Ernährung – Chemikalien – Stress – Sorgen – Umweltverschmutzung usw. …? Genaugenommen eigentlich ein bisschen von allem, was zu ständigen Schäden unserer DNA führen kann. Bleibt der Schaden jedoch unbemerkt, und unser Reparatursystem wird nicht alarmiert oder ist geschwächt, wählt die Zelle eine radikale Antwort – sie leitet einen Selbstmordmechanismus ein, die sogenannte Apoptose.

Nächster Schritt ist der Weg zum Arzt, und wie bei dem Auto wird ein Service gemacht, und man erwartet eine erfolgreiche Instandsetzung. Unsere einzige Eigeninitiative zeigt sich in den meisten Fällen darin, dass wir dafür bezahlen – durch unsere Krankenkassen, und das ist alles.

Am Anfang dieses Jahrhunderts war Krebs nur bei 3 % der Menschen die Todesursache, heute liegt diese Zahl bereits bei 24 %. Was hat sich verändert, was haben WIR verändert? Unsere größte Angst im 21. Jahrhundert ist die Angst vor der Armut, und die größte Sorge dieser Zeit ist die Sinnlosigkeit. Diese beiden Emotionen bestimmen heute unseren Alltag.

Immer, bei jedem Problem, suchen wir die Antwort in den äußeren Umständen. Wo ist eigentlich unsere Eigenverantwortung geblieben? Wären wir achtsamer in unserem Leben, würden wir uns ausgeglichen ernähren, angemessen schlafen, Ruhepausen einbauen und uns auf das Wesentliche konzentrieren – wir würden uns spüren und uns begegnen. „Wie innen – so außen" gilt universell. Achtsamkeit ist der einzige Schutz gegen Krankheiten.

Tritt die Krankheit jedoch ein, entsteht die Frage nach dem Grund ihres Kommens. Ihr Anlass lautet stets: Verstoß gegen unsere innere Einstellung. Die Krankheit ist somit eine weise Freundin des Menschen und bringt eine wichtige Botschaft. Für viele führt der Weg zum Heil, einer tief greifenden Veränderung und somit zu einem Neubeginn, nur über die Krankheit. Könnten wir Probleme mit unserem Verstand lösen, hätten wir keine, und diese Krankheit, der

Krebs, ist eine Gefühlskrankheit und muss somit, neben der medizinischen Betreuung, individuell von jedem einzelnen, auch emotional wahrgenommen werden. Wenn man sich von destruktiven Gewohnheiten löst, ist man bereits zu 51 % geheilt, und danach weiß die Krankheit genau, welches Gefühl sie für die restlichen Prozente braucht.

Ebenfalls werden somit Rückfälle um ein Vielfaches verringert oder komplett ausgeschaltet. Warum machen wir uns nicht die Mühe und aktivieren unser natürliches, körpereigenes Heilungssystem und unterstützen somit die Arbeit des Arztes – schließlich sind wir krank geworden aus Unachtsamkeit, also müssen wir wieder gesund werden mit ganz viel Achtsamkeit. Es gibt keine unheilbaren Krankheiten, nur unheilbare Menschen … Solange die Patienten den Prozess der Eigenverantwortung und Achtsamkeit noch von sich schieben, sollten Ärzte und Spitäler, ihren Fokus unbedingt vermehrt auf die mentalen Begebenheiten eines Patienten richten. Oft ist der Kranke in einem Schock-Zustand, und es gibt keine Angehörigen, oder diese sind mit der Situation auch überfordert. Der Mensch muss in seiner Ganzheit, also physisch, psychisch sowie seelisch, aufgefangen und betreut werden.

In jeder Klinik/medizinischen Institution, aber vor allem in Onkologie-Centern, sollte eine psychische Unterstützung zur Krankheitsbewältigung – Krisenintervention – Wiederbelebung der Lebensqualität und Erlernung der Selbstachtsamkeit, integriert sein. Hilfe zur Selbsthilfe befreit uns von all diesen Ängsten und Abhängigkeiten unserer Zeit. Heilung kommt in der Tiefe nur durch Verstehen – mit oder ohne Krankheit.

# 3.

Voller Elan richtet Lilian ihre Praxis in dem wundervollen alten Haus im ersten Stock ein und macht es sich zur Hauptaufgabe, dass die Menschen hier einen Ort der Ruhe, Geborgenheit und des Vertrauens vorfinden. Die Energie der Einrichtung und die aussagekräftigen Dekorationen strahlen viel Harmonie und Bedeutung aus, ein wichtiger Bestandteil für eine erfolgreiche Therapie.

Während des ersten Jahres will sich Lilian vor allem auf die Umsetzung des Erlernten und in den Staaten Praktizierten konzentrieren. Sie bewirbt sich bei Onkologie-Kliniken, outet sich in Inseraten und Zeitungsartikel und lernt fleißig für die Europäischen Anerkennungs-Prüfungen der amerikanischen Zertifikate und Diplome.

Auch zwei Radiostationen schreibt sie, mit diesem Wortlaut, begeistert an:

„Liebend gerne würde ich Ihnen einen Sendungsvorschlag unterbreiten, welcher in Amerika riesigen Anklang findet und praktisch von jedem Radio-Sender angeboten wird.

Fachtherapeuten schenken Zuhörern die volle Aufmerksamkeit, ehrliches Interesse, wahre Empathie, persönliche Wertschätzung, aufrichtigen Respekt und Zeit ... Grundbedürfnisse der Menschheit. Der Therapeut vermittelt, live on air, Hoffnung, Energie, Sinn und Perspektiven, durch bewusstes Zuhören, gezieltes Fragen und positives, heilendes Antworten.

Ok wie z. B.: Name der Sendung – Sleepless in Rappi

Wir alle haben eine Geschichte – Erlebnisse, Schicksale und eine Mission im Leben. Wenn man dieses mit anderen Menschen teilen kann, indem man darüber redet – erhält es einen Wert.

Das ist die Sendung, in der ALLE anrufen können, die keinen Schlaf finden, sich einsam fühlen oder einfach nur reden möchten. Hier erfahren Sie Sicherheit, Verständnis, Professionalität sowie enorme Wertschätzung, während Sie über ihren Alltag, Freude, Leid, Sorgen und Ängste reden.

Jede Geschichte ist eine Erfahrung, aus welcher die anderen Zuhörer nur profitieren können. Wenn wir sprechen, wiederholen wir eigentlich nur was wir bereits wissen – aber beim Zuhören lernen wir vielleicht etwas Neues.

Dem Schmerz der Welt kann man nicht entgehen, jedoch darunter zu leiden und somit zum Opfer zu werden – das wählt man.

Es ist unser Geburtsrecht, glücklich zu sein.

Ja, wir alle haben eine Geschichte, es ist unser Buch des Lebens, und man lernt am meisten in den Gassen, in denen man sich verirrt!"

Lilian blüht total auf in ihrer Tätigkeit, und die Patienten, die sich trauen, erleben in vieler Hinsicht etwas ganz Neues und erkennen bedeutungsvolle Schätze in sich, derer sie sich nicht bewusst waren.

Jede einzelne Session ist eine Bereicherung, für den Patienten aber auch für Lilian, denn in jeder einzelnen Person steckt so viel Gutes und Wertvolles. Wichtig ist für sie als Therapeutin, innere „Einrichtungen" zu definieren – was bedeutet, mit gezielten Fragen Einstellungen, Muster und Überzeugungen herauszufinden. Danach sucht sie die persönlichen Lebens-Codes: Wie tickt diese Person, und was braucht sie, um ein erfülltes Leben zu leben? Das sind fünf

Gesetze, die bei jedem, wirklich jedem, individuell anders ausfallen. Mit der Kenntnis dieser Wörter kann man bei allen anfallenden Entscheidungen die beste, auf sich abgestimmte und persönlich angepasste Wahl treffen.

Als nächsten Schritt erforscht man den Body nach Körperbotschaften – wo schmerzt es? Zuerst wird nach den seelischen/geistigen Gründen gesucht, denn jeder Teil unseres Körpers ist ein Bote mit einer ganz bestimmten Message an uns. Beispiele aus der Praxis:

- Akne – sich selber nicht annehmen;
- Arthritis – man fühlt sich ungeliebt, Kritiksucht;
- Bandscheibenvorfall – man fühlt sich vom Leben im Stich gelassen, ist unentschlossen;
- Bettnässen – Angst vor den Eltern, gewöhnlich vor dem Vater;
- Blasenprobleme – man hält fest an alten Vorstellungen, hat Angst loszulassen;
- Hoher Blutdruck – lange bestehendes, ungelöstes emotionales Problem;
- Cholesterin – verstopft die Bahnen der Freude, Angst, Freude wahrzunehmen;
- Diabetes – Sehnsucht nach dem, was gewesen sein könnte; Kummer, das Leben hat nichts Süßes mehr;
- Erkältung – Zuviel auf einmal, Verwirrung, Unordnung im Denken;
- Gallensteine – Verbitterung;
- Hühneraugen – hartnäckiges Festhalten am Schmerz der Vergangenheit, verhärtete Denkbereiche;
- Haarausfall – Versuch, alles unter Kontrolle zu halten, traut nicht dem Prozess des Lebens;
- Krampfadern – man fühlt sich überarbeitet und überlastet, entmutigt, und man hasst die Situation, in der man steht;

- Migräne – Widerstand gegen den Fluss des Lebens, Abneigung, innerlich getrieben zu sein;
- Magersucht – Absage an das eigene Leben, Angst, Selbstablehnung;
- Nasenbluten – verlangen nach Anerkennung, Schrei nach Liebe;
- Rheumatismus – man fühlt sich schikaniert, Mangel an Liebe, Verbitterung;
- Schlaganfall – Aufgeben, Widerstand, lieber sterben als sich verändern;
- Schnarchen – sture Weigerung, alte Verhaltens- und Denkmuster loszulassen;
- Zahnfleischbluten – Mangel an Freude über die Entscheidungen im Leben usw.

Natürlich sind diese Definitionen sehr allgemein und in vielen Büchern (z. B. von Louise L. Hay) festgehalten, aber während der Sitzung erkennt man dann noch das individuelle, persönliche „Warum", und zusammen ergibt das Ganze dann einen Sinn. Danach kann das Gefühl und die gezielte Aufmerksamkeit ermitteln werden, welches das Leiden braucht, damit es sich besser fühlt. Dazu werden heilende, individuelle, ganz einfache Grundmethoden herausgefunden, die den Prozess noch beschleunigen und das alles ohne Nebenwirkungen, zum Beispiel:

- Gelassenheit – „na und"-Momente einbauen für mehr Energie;
- Kopfstand – Perspektivenwechsel;
- Akzeptanz – erleichtert alles im Leben;
- Natur – grün steigert und erfrischt die Hirnkapazität um 54 %;
- Langeweile zulassen – ein entspannter Kopf kann den besten Weg bahnen usw.

Als nächstes sucht man nach der Selbstwerteinschätzung der Person: Was ist wichtig für sie und was macht sie stolz? Am Ende jeder Erstsitzung erkundet man seine Lebenswerteinstellung, und das ist immer das Erstaunlichste, denn es ist nie etwas Materielles. Das ganze Leben lang, in unserem ach so begrenzten Dasein, rennen wir etwas hinterher, was wir ja gar nicht mitnehmen können und uns somit nicht erfüllt. Diese Lebenswertvorstellung ist nämlich immer seelischer Art und zugleich unser Lebenssinn.

Einfach fantastisch; je nach Bedürfnis werden verschiedene Methoden angewendet, und danach analysiert man die Erkenntnisse, zusammen mit dem Kunden. Diese Selbsterforschung hilft uns dabei, Schritt für Schritt eine Art Gebrauchsanweisung unseres Selbst zu entwerfen. Eine Session ist in den meisten Fällen genug. Sich so zu begegnen und zu verstehen, zu wissen, wer man ist, was man liebt und was man braucht – ist ja so kostbar.

Man realisiert, dass sich unser Leben eigentlich nur um unsere primären Bedürfnissen, wie Nahrung, Schlaf, Sex, Angst, Stress und Kontrolle, dreht, und vergisst dabei unsere enorm wichtigen sekundären Voraussetzungen, wie persönliches Wachstum, Balance und Harmonie – ohne sie ist wahre Zufriedenheit und das Erfüllen der eigenen Lebensmission nicht möglich.

Schlussendlich dreht sich alles nur um die Qualität der Beziehung zu uns selbst – denn alles, was wir erleben, ist ein Ausdruck genau dieser Qualität.

Wir werden erst dann in einer harmonischen Beziehung leben, wenn die Spiegelfunktionen des Partners nicht mehr nötig sind, weil wir unsere weiblichen und männlichen Anteile in perfekter Harmonie, in uns selbst, entwickelt haben.

Wenn sich Lilian nicht gerade ihrer leidenschaftlichen Praxisarbeit widmet, erkundet sie Europa. Zuerst besucht sie

Italien, welches sich in den Jahren ihrer Abwesenheit enorm zum Schlechten verändert hat. Die Straßen, die historischen Gebäude sowie Dörfer und Städte wirken heruntergekommen und depressiv, wie ihre Bewohner. Viele sind arbeitslos, ohne Mut, und haben die Orientierung verloren.

In Begleitung ihrer Schwester bereist sie dann Süd-England, was eine neue, sehr fantastische Erfahrung ist. Mit dem Zug und dem Bus fahren sie durch grüne, hügelige Landschaften, besuchen Schlösser und Herrenhäuser, trinken Tee und genießen die dazugehörenden Fingersandwiches. Die Engländer sind sympathisch, zuvorkommend, und nur der bissige Wind in Bristol fühlte sich unfreundlich an.

Ja, Lilians Welt ist in Ordnung – sie ist angekommen, denn sie liebt, was sie tut und tut, was sie liebt. Die Fünfzigjährige führt ein ausgeglichenes, achtsames Leben. Sie hat gelernt, es sich zu erlauben, genau dort zu sein, wo sie ist und genau so zu sein, wie sie ist und desgleichen der Welt zu erlauben, genauso zu sein, wie sie in diesem Augenblick ist.

Denn der Sein-Zustand ist immer die Art und Weise, wie man sich in jedem beliebigen Augenblick fühlt. Nur im gegenwärtigen Augenblick kann man das Leben berühren, und wenn man diesen versäumt, versäumt man das Leben.

# 4.

Der Jahreswechsel überrascht die Schweiz und ganz Nord-Europa mit Unmengen von Schnee, denn der Winter war bis Weihnachten einfach viel zu warm gewesen. Im Dezember herrschten Herbsttemperaturen, die Menschen waren verschnupft, und die Wirtschaft haderte. Diskussionen über globale Erwärmung, Umweltverschmutzung und Klimawandel sind täglich in den Medien zu sehen.

Die Klimaveränderung bestimmte eigentlich immer schon das Schicksal der Menschheit, denn wir sind komplett abhängig von Mutter Erde. Um die Gegenwart zu verstehen, muss man die Vergangenheit kennen, denn die jetzigen Zeiten sind das direkte Resultat davon, und die Zukunft ist die Konsequenz von heute.

Baumringuntersuchungen belegen, dass die Erde ab dem 2. Jahrhundert vor Christus eine einmalige Gunstphase erlebte, die sich unmittelbar auf die Entwicklung des Römischen Reiches auswirkte. Gleichbleibend milde Temperaturen mit regelmäßigen Niederschlägen sicherten die Versorgung der Menschen und lieferten die Grundlage für den kulturellen und militärischen Siegeszug der Supermacht. In jener Zeit erreichte das Römerreich seine größte Ausdehnung und herrschte über ein Viertel der damals bekannten Welt. Sogar die Ägypter wurden von Rom unterjocht, über 300 Jahre diente ihr Land als Kornkammer für rund 50 Millionen Menschen des Riesenreiches.

Klimaschock im Frühjahr 536 n. Ch.

Doch dann wechselte das Klima. Zunehmend strenge Winter verschärften die Bedrohung an den Außengrenzen des Imperiums. Rhein und Donau froren zu und wurden zu natürlichen Einfallstoren. In einer großen Völkerwanderung drangen 406 nach Christus 80.000 Germanen in das Römische Reich ein. Sie alle waren Klimaflüchtlinge, getrieben vom Hunger. Beweise für ihren Nahrungsmangel fanden Forscher in den Knochen und im Mageninhalt von Moorleichen aus dem heutigen Dänemark. Es war ein dunkles Zeitalter, aber nichts im Vergleich zu dem Klimaschock, den die Erde im Frühjahr 536 nach Christus erlebte.

Überall auf der Welt notieren Chronisten, dass sich der Himmel plötzlich verdunkelt habe, die Temperaturen ständig sanken und die Sonne für mehr als 18 Monate hinter einem Wolkenschleier verschwunden sei. Auf den Feldern fielen die Ernten aus. Im mittelamerikanischen El Salvador fanden Klimaforscher den Verursacher der beschriebenen Krise: Es war der Vulkan Ilopango. Bei seinem Ausbruch schleuderte der Feuer speiende Riese so viel Asche in die Stratosphäre, dass eine Kettenreaktion ausgelöst wurde.

Sie begann mit einem dichten Ascheschleier, der die Erde vollständig umhüllte. Darauf folgte ein vulkanischer Winter, der eine weltweite Klimaveränderung herbeiführte, die nicht nur Hungersnöte verursachte, sondern auch Seuchen Vorschub leistete. Besonders die Pest griff rasend schnell um sich. Innerhalb kürzester Zeit raffte der Schwarze Tod Millionen Europäer dahin.

Kleine Eiszeit Anfang des 15. Jahrhunderts

Um das Jahr 1000 wies die Sonne ihre höchste Aktivität seit 300 Jahren auf und begann, die Erde wieder aufzuheizen. Die Eisschicht auf der Nordsee schmolz und ermöglichte es den Völkern des Nordens, neue Wege zu ergründen. Die Wikinger stachen in See, eroberten Irland, England und Schottland. Sie besiedelten Inseln, die bis dahin vom Eis umschlossen gewesen waren, und segelten weit vor Kolumbus bis nach Amerika. Überhaupt wurde Europa von günstiger Sonneneinstrahlung bis ins Hochmittelalter hinein begleitet. Die Natur explodierte. Das machten sich die Gesellschaften zunutze und trieben den Ackerbau voran. Sie steigerten ihre Erträge, die Bevölkerung wuchs kontinuierlich, und aus kleinen Handelszentren entwickelten sich große Städte.

Doch Anfang des 15. Jahrhunderts brach die Kleine Eiszeit an. Seit der Großen Eiszeit war sie die härteste Kältephase, die Europa je erlebt hatte. Missernten, Naturkatastrophen und die Rückkehr der Pest führten zu gesellschaftlichen und politischen Krisen. Hexenverfolgung, Dreißigjähriger Krieg und die Französische Revolution entbrannten vor dem Hintergrund der drei Jahrhunderte andauernden Welt des Mangels.

Erst etwa 1850 war die Kleine Eiszeit endgültig vorüber. In einer neuen, stabilen Klimaphase machte der Mensch einen materiellen Quantensprung.

Die Industrielle Revolution läutete das Zeitalter der Maschinen ein. Technische Erfindungen machten den Menschen immer unabhängiger von den universellen Klimazyklen. Doch mit dem Fortschritt hatte der Mensch auch begonnen, die Weichen für die Zukunft der Erde zu stellen. Plötzlich war es die moderne Gesellschaft, die das uralte System von globalen Kalt- und Warmphasen empfindlich störte. (Quelle: ZDF)

Das Leben auf der Erde ist ein Spielball des Klimas – eine Tatsache, die von den meisten Menschen einfach ignoriert wird.

Lilian wird überrannt mit Sessions in den ersten zwei Monaten des neuen Jahres, denn für viele ist es ihr Neujahrsversprechen, achtsamer zu leben, und dafür ist eine – All About You – Gebrauchsanweisung ja so hilfreich.

Auch der glückliche Zufall, dass Lilian im Dezember die Chance erhielt, ein fünf-jähriger Windhund aus einer Tötungsstation in Spanien zu retten, erfüllte sie mit großer Dankbarkeit. Gerettete Hunde aus dem Tierschutz sind nicht kaputt, sie haben nur mehr erlebt als andere. Wenn sie Menschen wären, würde man sie weise nennen. Sie würden diejenigen sein, die Geschichten erzählen und Erlebnisse aufschreiben könnten, diejenigen, die auf eine schlechte Behandlung mit Courage reagieren.

Eigentlich hatte sie sich für eine junge Galga entschieden, die jedoch im letzten Moment krank wurde und somit nicht ausreisen konnte. Nach der ersten Enttäuschung überraschte die Tierschutzorganisation die Walliserin mit der Tatsache, dass sie eine etwas ältere Hündin der gleichen Rasse in die Schweiz schicken würde.

Eine karamellfarbige, scheue Windhündin mit warmen braunen Augen durfte sie dann voller Freude, siebzehn Tage vor Weihnachten, in Empfang nehmen. Der Anfang war recht schwer und erforderte viel Geduld, war die Arme doch in einem sehr schlechten mentalen Zustand, total traumatisiert und völlig abgemagert. Sie war voller Narben, Bisswunden, einfach alles Mögliche und hatte überhaupt kein Vertrauen zu den Menschen – kein Wunder, bei den miserablen Lebensbedingungen dieser Hunde.

Die Jagdzeit dauert in Spanien von September bis Ende Januar. Galgos (span. Windhunde) werden in diesen Monaten meilenweit über offenes Gelände gehetzt, um Beute zu erlegen. In Futter, Arzneimittel etc. wird nicht investiert. So sind die Hunde nach einer Saison mit ihren Kräften am Ende und für die Jäger wertlos. Bereits dann werden wieder Welpen für die kommende Jagd aufgezogen, und die „ausgedienten" Galgos werden auf brutalste Art und Weise hingerichtet.

Spanische Galgueros betrachten es als persönliche Beleidigung, wenn ihr Hund seinen Anforderungen nicht entspricht, d. h. zu langsam ist oder nicht jagen will. Wenn die Hunde keine Beute mehr machen, werden sie auf billigstem Weg entsorgt, da man die Hunde als Sache betrachtet, derer man sich entledigt, wenn sie keinen finanziellen Nutzen mehr erbringt.

Galgos werden durchschnittlich schon mit weniger als 12 Monaten zur Jagd eingesetzt und schätzungsweise jeder Zweite ist im Alter von anderthalb Jahren bereits tot.

Pfählen, Erhängen, Steinigen, Verbrennen oder Ertränken sind die gängigen Tötungsmethoden. Die Hunde werden mit Autos gejagt und überfahren, lebendig begraben oder an Bäume gebunden, wo sie elendig verhungern und verdursten müssen. Ein kleiner Teil wird in Tötungsstationen abgegeben. Die von den Kommunen finanzierten Tötungsstationen sind des Leidens letzte, schlimmste und unmenschlichste Station. Hier werden die Hunde während der gesetzlich vorgeschriebenen Zeit in winzigen Verschlägen zu Dutzenden „aufbewahrt". Verletzte oder kranke Tiere werden nicht behandelt. Die letzten Tage sind für viele Tiere ein Dahinvegetieren mit Schmerzen. Das Sterben ist qualvoll, der Tod eine Erlösung.

Ist ihre Stunde gekommen, werden sie vergast und anschließend verbrannt. Viele der Hunde werden durch das Gas aber nur betäubt und verbrennen bei lebendigem Leib, oder sie werden halb tot verscharrt. Wenn sich die Gelegenheit bietet, schlagen die Angestellten privaten Profit aus dem Verkauf von Hunden an dubiose Händler. Was dann mit diesen sanften Tieren passiert, ist grauenvoll. Sie werden als Gebärmaschinen benutzt, als Fleischlieferanten nach Asien exportiert oder für Hundekämpfe missbraucht.

Solange Menschen denken, dass Tiere nicht fühlen, werden Tiere fühlen, dass Menschen nicht denken!

Die ersten Nächte schlief Lilian neben dem Windhund in einem Schlafsack auf dem Boden und beobachtete ihr Verhalten. Als Therapeutin wollte sie den Hund unbedingt verstehen, seine Instinkte wahrnehmen und durch gerechtes Rollenverhalten mit dem Vierbeiner kommunizieren. Zuerst mussten jedoch ganz allgemeine Tagesabläufe geübt werden, die Lilian gar nicht in Betracht gezogen hatte. Talulah, was in der Sprache der Native American Wasserfall bedeutet, hatte keine Ahnung, wie man über Parkett läuft, und wenn sie vorsichtig Schritt für Schritt durch die Praxis lief, sah es aus, als ob sie eine Eisbahn überqueren würde.

Auch Treppen waren neu sowie das Laufen an der Leine über Napoleons Klopfstein-Straßen, wie sie in Rapperswil überall anzutreffen sind. Oft musste Lilian die Hündin nach Hause tragen und wurde dabei von den Handwerkern, die den Christkind-Markt aufstellten, erstaunt belächelt. Es ist eine Sache, einen Chihuahua im Arm zu halten, aber etwas anderes, eine 23 Kilo schwere Windhündin durch die Stadt zu tragen, und somit musste dringend eine Lösung her. Nachdem Lilian dem Tier das Mäntelchen zum Schutz gegen die Schweizer Winter-Temperaturen ausgezogen hatte, war die Welt in Ordnung und beide liefen Heim.

Für das Basisverhalten arbeitete sie streng nach dem Buch der englischen Hundeflüsterin Jan Fennell, und mit viel Konsequenz war Sauberkeit, hochspringen, bellen, an der Leine laufen, alleine lassen und Autofahren überraschend schnell eintrainiert. Windhunde sind bekannt für ihren angenehmen, sensiblen Charakter und ihr ruhiges Verhalten im Haus, denn es ist einfach toll, wenn man die Wohnung nicht um dekoriert vorfindet, nach ein paar Stunden Abwesenheit.

Die Angst vor Geräuschen, Besen und die Aufarbeitung der zahllosen Traumas, nach den vielen Narben zu schließen, wird noch Monate dauern. Lilian holt sich im Januar auch Hilfe bei einer Tierkommunikationstherapeutin, die bioenergetische Bachblüten-Behandlungen und viel Ruhe verordnet. Liebevoll massiert sie ihre Talulah täglich, redet mit ihr – lehrt sie den Walliser Dialekt, singt sie in den Schlaf und heilt dabei noch diverse eigene Wunden aus der Vergangenheit – ja, die Hündin gehört zu ihr, und die beiden passen in jeder Hinsicht zueinander. Das wunderbare Geschenk der bedingungslosen Liebe darf sie über diesen Hund erfahren und zwar jeden Tag aufs Neue. Die Lebensweisheit, die Lilian sich für dieses Jahr an den Kühlschrank geheftet hatte, bestätigt dieses Erlebnis.

*Ich löse mich von dem Gedanken,
immer kämpfen zu müssen.
Das, was gut ist und zu mir gehört, bleibt.
Was bei mir sein will, kommt freiwillig –
und was gehen will, geht sowieso.*

Fantastisch, so treffend für ihr Leben und dabei weiß sie nicht mal, wer es geschrieben hat.

# 5.

Anfang März sind die Nachrichten immer häufiger mit Informationen über heftige Klimaveränderungen und beängstigenden Umweltkatastrophen gefüllt. Die Erde leidet unter großen Schmerzen, wie eine Mutter, die gebärt. Es ist, als ob wir nicht für unsere Sünden bestraft werden, sondern von ihnen.

Der berühmte Physiker Albert Einstein sagte einmal: „Wenn die Bienen verschwinden, hat der Mensch nur noch vier Jahre zu leben; keine Bienen mehr, keine Pflanzen, keine Tiere, keine Menschen mehr!" Und die Zahl der Bienenvölker ist in den letzten Jahrzehnten dramatisch zurückgegangen.

Gräueltaten wie:

Islamisten erschießen Schwangere bei Entbindung – Nigeria: Zehnjährige wird zu Selbstmordattentat gezwungen, 2.000 Tote – Junge, europäische Frauen reisen zu Hunderten nach Syrien und in den Irak, um Kämpfer des Islamischen Staats/Isis-Terroristen, zu heiraten, welche ihre Gefangenen vor laufender Kamera köpfen ... usw. sind in den Medien an der Tagesordnung.

Die Menschen sind im Umbruch, verzweifelt und verloren. Es ist ihnen noch nicht bewusst, dass sie am Ende all ihres Suchens an ihrem Ausgangspunkt angelangt sein werden und ihn erstmals erkennen – SICH. Bei allem, was jeder Einzelne erlebt, in den guten wie auch in den schlechten Erfahrungen, sucht er immer nur sich selbst. Es geht um die Liebe, die jeder für SICH empfindet und die daraus folgenden Gedanken und Taten. Alle Liebe dieser Welt ist auf Eigenliebe aufgebaut.

Gott gab der Welt das Gute aber auch das Böse und dem Menschen den freien Willen, damit er wählen kann. Jede Lebenssituation, in der wir uns befinden, haben wir gewählt, mit Entscheidungen, die wir zuvor getroffen haben, und das Resultat ist unser Moment-Zustand. Ein altes Indianersprichwort besagt:

*Jeder Erdenmensch
trägt einen schlechten und einen guten Wolf in sich –
überleben wird aber nur derjenige, den du fütterst*

Dazu kommt, dass auch Mutter Erde auf diese Entscheidung reagiert und die Menschheit jegliche, daraus entstehende Konsequenz tragen muss. Ein Zyklus, der sich schon seit Millionen von Jahren wiederholt.

Doch die Medien manipulieren die ganze Welt, und alle glauben, was sie sehen und hören. Jede Information ist kontrolliert und erfüllt einen bestimmten Zweck, oftmals weit weg von der Realität.

Mitte März wird die Welt dann mit einem sogenannten Pol-Shifting konfrontiert.

Der arktische Magnetpol ist nicht ortsfest, sondern verlagert sich ständig nach einem mehrschichtigen Muster: Von Jahr zu Jahr verschiebt sich der Magnetpol in einer grob vorhersagbaren Art. Normalerweise wandert er jährlich um etwa 40 Kilometer Nord-westwärts. Betrag und Richtung der jährlichen Verlagerung waren aber nie langfristig regelmäßig. Bei konstanter Geschwindigkeit hätte er in etwa 50 Jahren Sibirien erreichen können, jetzt aber haben die neuesten Messungen ergeben, dass sich die Wanderung zurzeit um ein Tausendfaches beschleunigt hat und er jeden Moment Russland erreicht. Gründe dafür sind:

Die Erde wurde in hohem Maße verunreinigt, und ihre Ökologie durch Waldzerstörung, Vergiftung des Wassers, der Luft, des Bodens und durch Ausrottung der Wildtiere nahezu zerstört.

Andere menschliche Aktivitäten während der vergangenen 65 Jahre, insbesondere die umfangreichen Detonationen im Rahmen von Atombombenversuchen in der Atmosphäre, unterirdisch und im Meer.

Die enorme Verbreitung aller möglichen Arten industrieller chemischer Giftstoffe, in Verbindung mit dem weitverbreiteten Gebrauch des hoch toxischen, verminderten Urans durch das Militär der USA und Großbritanniens, welche die Umwelt vergiftet haben.

Unsere eigenen Erfindungen zerstören uns.

Man spricht von massivem, weltweitem Stromausfall sowie einem Chaos, beim Satellitenempfang (TV, Radio). Kommunikationssysteme (z. B. Handynetz) und auch die Luft- und Raumfahrt könnten extrem gestört werden und somit könnte es temporäre Schließungen von Flughäfen zur Folge haben. Aber auch Zugvögel und große Tierherden in Afrika würden sich verirren, weil sie sich am Magnetfeld orientieren. Es gibt sogar Spekulationen über eine weitere Aufheizung der Erdatmosphäre.

Viele Schweizer fangen bereits an, Notfall-Maßnahmen zu treffen, doch Lilian will nicht überreagieren, wartet die kommenden Tage ab und beobachtet vor allem Talulah. Tiere haben diesen Instinkt oder siebten Sinn; sie verlassen sozusagen diese begrenzte, dreidimensionale Welt und tauchen in die intuitive Verbundenheit mit der Synchronisation ein, also der Gabe, zur richtigen Zeit am richtigen Ort zu sein, welche leider den Menschen des 21. Jahrhunderts abhanden gekommen ist. Keine technische Erfindung trägt auch nur das Geringste zum geistigen Wachstum der Menschheit bei.

Lilian spricht auch zweimal pro Woche mit ihren Mädchen in den Staaten, um Informationen der gegenwärtigen Sachlage weltweit auszutauschen.

In Kalifornien sowie New Mexico kämpfen die Leute mit den gleichen Befürchtungen, und Lilian entscheidet sich, nach Amerika zu fliegen, solange dies noch möglich ist, um in der Nähe der Kinder zu sein. Für sie scheint es einfacher aufzubrechen, da sie selbstständig ist und ihre Abwesenheit sich nicht Existenz schädigend auswirken würde.

Die drei Musketiere, wie sie sich damals nannten, hatten sich seit dem 50. Geburtstag von Lilian – also ein gutes Jahr – nicht mehr gesehen. Damals haben sich alle Drei im kommunistischen Kuba getroffen und erlebten eine ganz spezielle Zeit in einem Land, welches im Zeitalter des Vintage stehengeblieben ist. Die Leute waren nicht arm, wie in Indien oder den Drittweltländern, aber sehr einfach.

In Trinidad, wo sie die meiste Zeit verbrachten, gab es eine einzige Sorte Brot und eine extrem geringe Auswahl an Toilettenartikeln, Kleidern und Nahrungsmitteln – das komplette Gegenteil des Überflusses an Materialismus, welcher weltweit verbreitet ist.

Die Schweizerinnen übernachteten in einem Casa Particular, ähnlich wie ein Bed and Breakfast in England, wo die Inselbewohner Touristen bei sich zu Hause aufnehmen und in die Familie integrieren. Die Walliserinnen schliefen lange, wurden von der Familie mit einfachen aber reichhaltigen Frühstücken verwöhnt – das Meiste wurde auf dem Schwarzmarkt besorgt –, lagen in der Sonne am nahegelegenen Playa Ancon, schnorchelten in noch fast unzerstörten Gewässern, ritten stundenlang zum idyllischen Wasserfall und tanzen am Abend Salsa mit den Einheimischen auf dem Dorfplatz. Trinidads Gebäude sind ja so einzigartig, farbenfroh und historisch, und wie immer war Lilian an der Lebensweise, den Traditionen sowie Wünschen und Träumen der Menschen interessiert. Stundenlang sprach man am Abend, in Cafés oder auf der Hazienda der Familie, über die Kultur, alte Gewohnheiten und die Geschichte der Kubaner.

An Weihnachten wurden die drei Frauen von der Familie, mit spanischen Wurzeln, zu deren traditionellen Heiligabend-Festivitäten eingeladen. Noch heute wird es Lilian warm ums Herz, wenn sie an diesen harmonischen, gesegneten Abend denkt. Der lange Tisch war festlich gedeckt, mit englischem Porzellan aus den dreißiger Jahren, und die bescheidene Mahlzeit wurde dankbar im Kerzenschein eingenommen – man war sich fremd und doch so nah, wahrlich eine stille und heilige Nacht.

In Erinnerungen schwelgend fängt Lilian an zu packen, nachdem sie Wohnung und Praxis blitzeblank geputzt hatte. Nach all diesen Hiobsbotschaften von bitterkaltem Wetter im Norden und glühender Hitze im Süden weiß sie gar nicht so richtig, für welche Kleidungsstücke sie sich entscheiden soll. Wichtig sind ihre Overalls, die sie seit geraumer Zeit wahnsinnig bequem und praktisch findet, vor allem wenn sie mit Talulah unterwegs ist. Bei der Arbeit kleidet sich Lilian immer sehr klassisch und in der Farbe schwarz, als Abgrenzung.

Die Wahl des passenden Schuhwerks fällt ihr besonders schwer, da sie bestimmt hat, nur ein Gepäckstück mitzunehmen, und sie liebt Schuhe über alles. Also entscheidet sie sich für die warmen Woddy Damenstiefel, mit Obermaterial aus Kunstleder, ausgefüttert mit synthetischem Fell und fester, stabiler Holzsohle. Sie nehmen am meisten Platz ein, und deshalb werden sie auf der Reise getragen. Ein Paar bequeme Ballerina sowie schwarze Flipflops sind schlussendlich die einzigen, die eingepackt werden.

Nachdem sie den Koffer zugemacht hat, geht sie ins Bad und betrachtet kritisch ihre Erscheinung. Mit den schulterlangen, goldenen Haaren, einer Körperlänge von 1.68 Meter und Konfektionsgröße 38 ist sie immer noch eine attraktive Frau. Natürlich hat die Krebserkrankung mit den vielen Operationen, Chemotherapie, Bestrahlung und dem seelischen Stress, Spuren hinterlassen. Aber ihre warme Ausstrahlung, das Leuchten der blaugrünen Augen und die sympathischen Wangengrübchen sind unversehrt geblieben. Warum sie nach so vielen Jahren immer noch Single ist, überrascht nicht nur Freunde und Familie, nein, auch sie wundert sich oft, wie ihre Bestimmung in Herzenssache wohl aussehen wird.

Ja die Liebe, ein unergründliches Mysterium und das Einzige auf dieser Welt, was wir nicht einfach so wollen können. Auch wenn wir uns noch so bemühen, lieben zu wollen, liegt dies nicht in unserem Vermögen – denn sie kommt als Geschenk. Man kann sie nicht erlernen, nicht finden und erst recht nicht kaufen.

Lilian fühlt sich trotzdem keineswegs einsam, denn sie hat ihre Patienten, viele Familien- und Bekanntenanlässe, und dann ist da noch Franz, der schon seit 10 Jahren ihr bester Freund und engster Vertrauter ist. Als erfolgreicher Manager ist er oft weltweit unterwegs, doch wenn er in der Schweiz arbeitet, treffen sie sich regelmäßig zum Essen, zu interessanten Ausflügen und reden über die Arbeit, die Kinder, Gott und die Welt.

Offenheit schützt vor Einsamkeit.

Ja, die 51-Jährige lebt a „Charmed Life", wie man es in den Staaten nennen würde. Sie glaubt an sich, die Menschen, das Gute und natürlich an Serendipity/Wunder.

# 6.

Ausgeschlafen und voller Tatendrang schlüpft Lilian an diesem unfreundlichen Märztag in ihren bodenlangen, schwarzen Wollmantel, schließt ihr schickes Stadthäuschen ab und macht sich auf den Weg zum nahegelegenen Bahnhof Rapperswil. Vom See her weht eine kalte Brise, und während sie in der einen Hand den Rollkoffer hinter sich herzieht, versucht sie mit der anderen, den schwarzen Hut tiefer ins Gesicht zu schieben. Talulah trottet geduldig neben ihr her und hat keine Ahnung, wohin die Reise geht.

Per Internet hat Lilian einen Flug nach Washington DC gebucht, und der Hund wird für die Atlantiküberquerung im Cargo-Bereich des Fliegers untergebracht. Dort angekommen, werden die beiden dann in einem nahegelegenen Motel eine Nacht verbringen und am nächsten Morgen die Maschine nach Albuquerque NM besteigen, damit es für die Galgo-Hündin weniger anstrengend wird. Wie immer ist alles bestens organisiert und gebucht, doch wird es diesmal ganz anders kommen, denn die beiden Reisenden sind für ein Abenteuer ins Ungewisse unterwegs, und die größte Herausforderung ihres Lebens steht Lilian noch bevor.

Der Flug ist sehr unangenehm, mit Kursänderungen, vielen Luftlöchern und einer anhaltenden Unruhe unter den Passagieren. Nach 8 Stunden landet der Swiss-Flieger dann hart aber sicher auf der kurzen Landebahn des Dulles International Airport, 26 Meilen vom Downtown Washington DC entfernt. Durchgeschüttelt aber voller Vorfreude auf ihre Girls nimmt Lilian ihre Talulah nach der Gepäckübernahme liebevoll in Empfang.

Auf dem schnellsten Weg verlassen die beiden das Gebäude, damit der Hund sein Geschäft verrichten kann, und die Schweizerin nutzt die Gelegenheit, um Ausschau nach einem Mietwagenverleih zu halten.

Irgendwie hat sie Amerika anders in Erinnerung. Klar, hier läuft immer alles etwas chaotischer ab als in der Schweiz – wirklich kein Vergleich, das wäre wertend, aber diesmal ist es extrem unüberblickbar. Die Leute laufen herum, reden viel zu laut, und jeder scheint in Panik zu sein. Plötzlich ertönt eine schrille Durchsage aus dem Lautsprecher, welche auch draußen zu hören ist, dass der Flughafen bis auf weiteres geschlossen werde, infolge klimatischer Schwierigkeiten.

Aufgrund dieser Information entscheidet sich Lilian, nun ein Wohnmobil, einen RV Coachmen Freelander der Class C., zu mieten. Ihre Überlegungen sind: Falls der Flughafen morgen noch nicht betriebsbereit ist, könnte sie die Strecke nach Santa Fe fahren und wäre somit unabhängig. Schließlich hat die Walliserin 14 Jahre in den USA gelebt und kann sich die Durchfahrt des Landes in Begleitung ihres Hundes voll zutrauen. Interstate 40 heißt die Straße, die sie dann nehmen würde, und diese startet im Osten, nahe Wilmington NC, 6 Meilen vom Atlantischen Ozean entfernt, durchquert das ganze Land und endet in Barstow CA. Die volle Länge der direkten Straße in den Westen beträgt ca. 2.555 Meilen – also ungefähr 43 Stunden reine Fahrzeit, und bis New Mexico, Lilians Reiseziel, sind es ca. 2/3 davon.

Das süße Wohnmobil, für welches sie sich entscheidet, ist ausgerüstet mit einem Bett über der Fahrerkabine, einem Tisch mit zwei Sofasesseln, einer praktischen Kochecke und einer Couch, die auch als Extra-Bett verwendet werden kann. Das Badezimmer ist klein, aber wirklich fein und schön sauber.

Der nervös wirkende Vermieter nimmt sich nicht gerade viel Zeit mit dem Erklären der verschiedenen Anschlüsse, die sie auf den RV-Plätzen beachten muss, und schließt den Laden auch gleich, nachdem sie gegangen ist.

Als Nächstes sucht Lilian ein nettes Motel, um die heran brechende Nacht zu verbringen und die Weiterreise zu planen. Da der Wagen über ein Navigationsgerät verfügt, gibt sie auch gleich das Endziel Santa Fe in New Mexico ein, wo sich die drei Frauen in ein paar Tagen treffen wollen. Nachdem die Schweizerin Interstate 95 South erreicht hat, beschließt sie, möglichst im ersten Motel 8, an dem sie vorbeifährt, zu übernachten. Diese Hotelkette ist bekannt dafür, dass Hunde im Zimmer erlaubt sind.

Nach einer ausgiebigen Dusche schaut sich die Schweizerin mal die Strecke auf der Karte an, die sie im Wohnmobil gefunden hatte, und verschafft sich so einen besseren Überblick. Danach schaltet Sie den Fernseher an und macht es sich im Bett gemütlich. Die Nachrichten der neuesten Ereignisse in Asien lassen sie erstarren, und mit einer Gänsehaut am ganzen Körper nimmt sie wahr, was während ihres Atlantiküberfluges im anderen Teil der Welt passierte.

Asien wurde vor 9 Stunden von zahlreichen Meteoriten getroffen.

Der Einschlag nur eines Meteoriten mit einem Durchmesser von mehreren Kilometern bewirkt eine gewaltige Explosion, die den Eintritt von Staubpartikeln in die Atmosphäre zur Folge hat und eine dadurch bedingte weltweite Klimaänderung hervorrufen kann. Durch die Abschwächung der Sonneneinstrahlung können die Temperaturen sinken, und das Pflanzenwachstum geht somit zurück – Auswirkungen, die sich auf die gesamte Nahrungskette übertragen können.

Gleich mehrere Meteoriten gingen in besiedelten Regionen nieder und verursachten beträchtliche materielle Schäden sowie den Verlust von tausenden und abertausenden Menschenleben. Meteoriten mit einer Masse von über 100 Tonnen werden durch die Atmosphäre nicht mehr nennenswert abgebremst, deshalb wird beim Auftreffen auf der Erdoberfläche ihre kinetische Energie explosionsartig freigesetzt, wodurch es zur Bildung von riesigen Einschlags-Kratern kommt.

Als Meteoriten bezeichnet man den Ursprungskörper, solange er sich noch im interplanetaren Raum befindet. Beim Eintritt in die Atmosphäre erzeugt er eine Leuchterscheinung, die dann Meteor genannt wird. Er verglüht entweder als Sternschnuppe in der Erdatmosphäre oder erreicht als Meteorit den Boden. Ein Meteorit ist ein Festkörper kosmischen Ursprungs, der die Erdatmosphäre durchquert und den Erdboden erreicht hat. Er besteht gewöhnlich überwiegend aus Silikat-Mineralen oder einer Eisen-Nickel-Legierung. Da es sich fast immer um vielkörnige Mineralaggregate handelt, werden Meteoriten unabhängig von ihrer chemischen Zusammensetzung zu den Gesteinen gezählt. 94 % aller Meteoriten sind Steinmeteoriten, wie es auch in Asien der Fall ist. Die Meisten enthalten kleine Schmelzkügelchen, sogenannte Chondren, und werden deshalb als Chondrite bezeichnet. Obwohl Steinmeteoriten häufiger vorkommen als Eisenmeteoriten, sind erstere meist schwieriger zu identifizieren, weil sie irdischen Steinen sehr ähneln und rascher verwittern als Eisenmeteoriten. Eine objektive Bestimmung, der gerade eingeschlagenen Menge wäre deshalb in ungewöhnlichen Umgebungen wie der Antarktis oder steinarmen Steppengebieten, wie im US-Bundesstaat Kansas, sehr viel einfacher. Meteoriten sind auf Vernichtung programmiert, sind sie doch für die Auslöschung der Dinosaurier vor 65 Millionen Jahren verantwortlich.

Das genaue Ausmaß und die Folgen der Katastrophe sind natürlich noch nicht mal zu erahnen, und Lilian hat nun ihre Erklärung, warum die Menschen bei ihrer Ankunft so desorientiert waren.

Nach stundenlanger Berichterstattung aus dem Osten werden dann auch noch auf CNN die Auswirkungen des Pole-Shiftings der letzten Tage diskutiert. Russland und ganz Nordeuropa stehen vor einem enormen Kälteeinbruch mit Schnee und Eis. Einige sprechen sogar von einer Teilvergletscherung –, da durch die Pol-Verschiebung die Antarktis, die nahezu vollständig vereist ist, bereits zu Russland gestoßen ist.

Gletscher benötigen eine Reihe von entscheidenden Faktoren zu ihrer Entstehung. So ist eine langfristig ausreichend niedrige Temperatur nötig, damit es zu Schneefall kommt. Die Höhenlinie, ab der im langjährigen Mittel mehr Schnee fällt als dort abtauen kann, ist die klimatische Schneegrenze. Nur oberhalb dieser Grenzlinien kann bei geeignetem Relief auf Dauer so viel Schnee fallen, dass dieser eine Metamorphose – evolutionäre Anpassung durchlaufen kann.

Total beunruhigt und sichtlich durcheinander macht Lilian gegen Mitternacht das Fernsehgerät aus und versucht, ein paar Stunden zu schlafen.

Es ist draußen noch dunkel, als sie sich anzieht und mit Talulah einen Spaziergang ums Motel macht. Besorgt packt sie danach den Rest ihrer Sachen und macht sich im RV auf den Weg, denn der Flughafen ist nach Aussage des Motelbesitzers immer noch geschlossen.

Auf der I 95 fährt sie nun weiter südwärts, bis sie Bensen erreicht, und an der Gabelung nimmt sie dann die Interstate 40 westwärts. In Raleigh NC versorgt sie sich noch mit diversen Vorräten, wie: mehrere Gallonen Wasser, lang haltbare Milch, genügend Hundefutter, eine Menge Dosensuppen, Knäckebrot, eingemachtes Gemüse und Früchte, sowie 6 Flaschen Apfelessig.

Von hier sind es noch genau 1.760 Meilen bis Albuquerque, also ca. 27 Stunden Autofahrt bei einem Durchschnittstempo von 60 Meilen pro Stunde. Wenn sie 9 Stunden am Tag fahren würde, könnte sie die Strecke in 3 Tagen schaffen und wäre somit noch vor dem prophezeiten Klimawandel in den Bergen von Santa Fe. Lilian kann sich nicht vorstellen, dass es noch schlimmer kommen kann, das wäre ja dann eine richtige Klimadepression.

Voll beladen macht sich die Therapeutin mit ihrem Windhund auf die Weiterfahrt Richtung Goldener Westen – eine Fahrt ins Ungewisse, doch sie vertraut auf das Geheimnis des Lebens: Die Wandlung – denn jeder Anfang folgt einem Ende.

# 7.

Die Fahrt auf der Interstate 40 ist recht mühelos, einfach immer geradeaus. Lilian hält nur zum Essen, Tanken und um sich mit Talulah die Beine zu vertreten. Am Abend des zweiten Tages übernachtet sie wieder in einem Motel, außerhalb von Nashville, so muss sie sich nicht noch lange nach RV-Rastplätzen umschauen, und der Wassertank bleibt schön voll für den Notfall.

Seit ihrer Ankunft in den Staaten hat die Mutter mit den Girls keinen Kontakt mehr, da ihr Handy nicht zu funktionieren scheint. Wohl oder übel muss Lilian in den nächsten Tagen Ausschau nach einem Internet-Café halten.

Die warme Dusche nach der langen Fahrt ist göttlich, und nachdem sie es sich im Zimmer gemütlich gemacht hat, schaltet sie das TV ein, um den neuesten Stand der Dinge zu erfahren.

Das Chaos in Asien ist groß, vor allem in den Städten. Seit den Einschlägen der Meteoriten regnet es brennende Asche vom Himmel, welche überall Feuer entfacht; Gasleitungen explodieren, die Menschen sind in Panik, und die ersehnte Hilfe kann nicht eintreten, da die Flughäfen wegen dieser Staubpartikel in der Atmosphäre geschlossen sind. Strom- und Wasserversorgung sind in den meisten Teilen des Ostens nicht mehr gewährleistet, und aufgrund der Rauchdecke herrscht eine gespenstische Sonnenfinsternis.

Auch die Bilder von Nordeuropa sind schockierend. Die Kaltfront mit eisigen Temperaturen weit unter null und heftige Schneestürme haben bereits auch Teile der Schweiz erreicht.

Wissenschaftler reden nun von der Phase eines erhöhten Vulkanismus, der einen Gletscherabbruch auf Grönland verursachen könnte, das heißt; wenn ein von einem Gletscher bedeckter Vulkan ausbricht. Die Folgen wären verheerend, vor allem für die USA, und Lilian fragt sich, ob die Welt solchen Herausforderungen überhaupt gewachsen ist – und die Menschheit, ist sie vorbereitet auf unerwarteten Szenarien wie diese? Ist die Apokalypse hier, welche von den Mayas prophezeit worden ist? – Das neue Zeitalter, es beginnt unter Blut und Schmerzen …

Eine andere Weissagung behauptet ähnliches, dass 2032 die Geburt einer neuen Zivilisation sei – eine Zeit des Lichtes und der Liebe, da wir uns momentan im Dunkeln befinden. Die Quersumme ist sieben und bedeutet nach der biblischen Numerologie Erfüllung und Perfektion, physisch, psychisch und spirituell. Doch vorher würden wir noch eine tiefe Finsternis durchlaufen müssen, damit wir endlich wieder das Licht erkennen, welches eigentlich immer da war, in den dunklen Gassen unseres Lebens.

Licht kann nur erkannt und geschätzt werden, mit der Weisheit der Dunkelheit.

Der Mensch schafft sich seine Welt stets selber – im Großen wie im Kleinen, und da es nicht mehr weiter nach oben gehen kann, muss mal wieder alles zerstört werden, um es danach aufzubauen – unser geschichtlicher Zyklus …

Ältere Forschungen gehen davon aus, dass das Römische Reich spätestens seit dem 3. Jahrhundert einem moralischen Verfallsprozess ausgesetzt gewesen sei; Macht und Wohlstand hätten langfristig zu einem Werteverfall geführt, der die ökonomische und militärische Stärke des Imperiums schleichend schwinden ließ. Seit der Aufklärung wurde in diesem Zusammenhang oft das Christentum als ein wesentlicher Faktor benannt, während insbesondere marxistisch beeinflusste Gelehrte dagegen, vor allem, sozioökonomische Krisen verantwortlich machten. Äußeren Angriffen wurde hingegen nur eine sekundäre Bedeutung zugesprochen – also Selbstzerstörung.

Die Vorstellung, große Reiche würden – wie Lebewesen – regelhaft einen Zyklus von Aufstieg, Blüte und Verfall durchleben, wurde bereits in der Antike formuliert (etwa von Herodot und Xenophon in Bezug auf Persien, von Sallust in Bezug auf die Römische Republik). Auf den Aufstieg eines Großreiches folge stets der Niedergang – ein Versagen der moralischen Instanzen.

Die Spätantike wird in diesem Sinne bis heute gerne als Spiegelbild der heutigen Gesellschaft gedeutet, der man ebenfalls Verfallstendenzen zuschreibt. Eine wahrhaftig wahre Deutung.

Ebenso wie damals im Süden Mexikos, dem flachen Land zwischen Pazifik und Karibik, dort befand sich einst das große Reich der Maya. Ihre Zeitrechnung und Geschichte reichte zurück bis ins vierte Jahrtausend vor Christus. In ihrer Blütezeit, der zweiten Hälfte des ersten Jahrtausends n. Chr., bauten sie die Stadt Chichen Itza. Doch schon wenige Hundert Jahre später, noch bevor die spanischen Eroberer in Mexiko eintrafen, gingen die Maya samt (oder trotz) ihrer hoch entwickelten Kultur auf rätselhafte Weise unter. Urwald überwucherte die verwaiste Stadt, bis sie Ende des 19. Jahrhunderts wiederentdeckt und freigelegt wurde. Seitdem erforschen Archäologen nach dem Grund für den Untergang der Maya. Bis heute suchen sie vergeblich.

In dieser Nacht findet Lilian kaum Schlaf und wälzt sich im großen Kingsize Bett hin und her.

Ist es möglich, dass uns die Periode der Zeit wieder eingeholt hat und wir, sowie unser Verhalten, der Auslöser dafür sind – wie schon seit Urbeginn? Sind diese Katastrophen das Gebräu aus negativen Emotionen, welches mit der Zeit zu diesen schlimmen Ereignissen geführt hat – die Entstehung, der Vermischung negativer Energiefelder, die mit ihrer starken elektromagnetischen Anziehungskraft bestimmte Abläufe in Gang setzen?

# 8.

Noch vor Sonnenaufgang schlüpft die Walliserin in einen ihrer bequemen Overalls, bindet sich das blonde Haar zu einem Pferdeschwanz, setzt ein leichtes Make-up auf und verlässt mit Talulah das Motel. Die heutige Strecke führt sie an Nashville und Memphis vorbei bis nach Little Rock, wo sie dann wieder halten wird, um die Nacht zu verbringen. Der Himmel ist bis zum Mittag blutrot, und die Temperaturen sind für Ende März, auch in diesem Breitengrad, einfach viel zu hoch.

Viele Seiten von Amerika – vom glamourösen Los Angeles und dem grandiosen Grand Canyon bis zur Glücksspiel-Hauptstadt Las Vegas, vom kosmopolitischen San Francisco bis hin zum pulsierenden New York, vom idyllischen Salt Lake City bis zu den atemberaubenden roten Felsen von Sedona – durfte Lilian schon erleben und bewundern. Jedoch auch dies gehört natürlich zu Amerika – Straßen, soweit das Auge reicht, keine Häuser und nur wenige Gelegenheiten zum Tanken oder Essen, einfach nur immer geradeaus, vorbei an trostlosen Gegenden. In all den Stunden im Wohnwagen mit der monotonen Fahrerei hat Lilian viel Zeit zum Nachdenken, und sie ist sich plötzlich nicht mehr so sicher, ob sie je wieder in die Schweiz zurückfliegen kann.

Es braucht nun viel Mut, um an eine höhere Wirklichkeit zu glauben, und es bedarf des Kontaktes zur Seele, um glauben zu können, was man nicht zu sehen vermag. Ihre aufsteigende Angst ersetzt sie durch das Gefühl der Neugierde – eine erfolgreiche Taktik, die hilft, sich für das Bevorstehende zu öffnen. Es ist nämlich die Angst die immer Grenzen setzt.

Mit einem tiefen Seufzer dreht sie das Radio an, denn schließlich fährt das Duo durch den Bundesstaat Tennessee, und Country Music passt fantastisch zu einem Roadtrip.

Sobald es anfängt zu dämmern, schaut Lilian sich nach einem Motel um. Auch früher, als sie noch in den USA lebte, fuhr sie selten in der Nacht, gibt es hier auf den langen menschenleeren Strecken doch selten Straßenbeleuchtungen, und alleine als Frau fährt der Respekt zu diesem großen, weiten Land immer mit.

Der Manager an der Rezeption ist kurz angebunden und möchte, dass die Schweizerin mit ihrem Hund morgen sehr früh auscheckt, da er das Motel bis auf weiteres schließen wird – wegen des großen Sturms, wie er erklärt. Also darum dieser rote Himmel heute Morgen, sie hatte sich schon gewundert, und ein heftiger, tropisch warmer Wind weht schon seit den frühen Nachmittagsstunden.

Wie immer genießt sie die belebende Dusche, isst ein Sandwich und schlendert mit Talulah durch den spärlich begrasten Garten der Anlage.

Der Fernsehempfang ist hier in Little Rock, wahrscheinlich wetterbedingt, extrem schlecht, die Bilder sind verschwommen, und der Ton fällt immer wieder aus. Zuerst wird über das kommende, wirbelsturmartige Unwetter gesprochen, welches Lilian nicht allzu sehr beunruhigt, da die Amerikaner einen Hang zum Übertreiben haben, und danach folgt eine Reportage über Afrika.

Lange hat man nichts mehr gehört von den tödlichen Ebola-Erkrankungen im letzten Herbst, wovon ein großer Teil des Landes betroffen war, denn die Menschen verlieren ja so rasch das Interesse und wenden sich schon bald den nächsten Neuigkeiten zu. Die News des Morgens sind am Nachmittag bereits Geschichte.

Ebola-Fieber; offizielle Bezeichnung Ebola-Viruskrankheit, ist eine Infektionskrankheit, die durch das Ebola-Virus hervorgerufen wird. Der Name geht auf den Fluss Ebola in der Demokratischen Republik Kongo zurück, in dessen Nähe diese Viren 1976 den ersten allgemein bekannten großen Ausbruch verursacht hatten. Seit Monaten gibt es in Westafrika die bislang größte Ebola-Fieber-Epidemie, deren Entwicklung bislang nicht eingedämmt werden konnte.

Das Ebola Fieber verläuft je nach Virenart in bis 90 Prozent aller Fälle tödlich. Als Therapie stehen bislang lediglich Maßnahmen zur Bekämpfung oder Linderung einzelner Krankheitssymptome zur Verfügung.

Der Erreger kann von erkrankten Menschen (durch Körperflüssigkeiten), von Tieren (einschließlich des regional üblichen „Buschfleischs") und von kontaminierten Gegenständen auf den Menschen übertragen werden. Grundsätzlich lassen sich diese Infektionswege primär durch Desinfektion von Gegenständen und Verzicht auf „Buschfleisch", sekundär durch Isolierung der Erkrankten und Schutzkleidung für pflegende Angehörige und medizinisches Personal zuverlässig ausschalten. Leider sind nur in den wenigsten Gegenden hierfür die nötigen Voraussetzungen erfüllt.

Um die immer rascher werdende Ausbreitung der Krankheit endlich unter Kontrolle zu kriegen, hat man nun vor Tagen mit streng beaufsichtigten Feuern versucht, der Ansteckungsgefahr zu trotzen. Wie im frühen Mittelalter – zur Zeit der Pest – wurden nun infizierte Dörfer, Kliniken sowie Schulen niedergebrannt, um die Vernichtung der Viren sicherzustellen und somit die Krankheit endlich einzudämmen.

Diese Feuer machten sich jedoch vor zwei Tagen selbstständig und arteten in unüberschaubare Buschbrände aus. Seit Jahren regnet es kaum in diesen heißen Gegenden Afrikas, und im flachen oder wenig hügeligen Gelände, das hauptsächlich von Gräsern und Gebüschen bewachsen ist, können sich die

Flammen, angefeuert von Winden, schnell ausbreiten. Die Brände stellen eine unermessliche Gefährdung für Mensch und Tier dar, weil sie eine Intensität von Feuerstürmen erreichen und unkontrolliert über das Land hinwegfegen.

Mit offenem Mund verfolgt Lilian die Berichterstattung, traut ihren Ohren nicht, und die Bilder dieses Notstandes sind schrecklich. Die ganze Nacht findet sie keinen Schlaf, und der einzige Gedanke, der sie noch etwas beruhigen kann, ist die Vorfreude auf ihre Mädchen, die sie in genau zwei Tagen wiedersehen wird.

Der Sturm erreicht den Mittleren Westen im Morgengrauen, mit Windgeschwindigkeiten von 120 Meilen pro Stunde und Hurrikan-artigen Regengüssen. Die beschwerliche Weiterfahrt nach Oklahoma City zieht sich nur langsam voran. Wegen des Regens und der heftigen Windböen traut sich Lilian nicht, die Geschwindigkeit von 50 Meilen zu überschreiten. Die Straße I 40 west ist kaum befahren, und nur alle paar Stunden kreuzt sich ein Wagen mit ihrem Wohnmobil. Bei diesen Witterungsverhältnissen wagt sie es nicht anzuhalten, um ein Internet-Café aufzusuchen. Sie ist sich sicher, dass Margrit mit ihrer Freundin Paige auch bereits die Fahrt nach Santa Fe angetreten hat und wahrscheinlich zeitgleich mit ihr bei Johanna und Allen eintreffen wird.

Im Radio sprechen sie wieder von diesem Gletscherabbruch auf Grönland, verursacht durch einen brodelnden Vulkan, der kurz vor seiner Eruption steht. Viel bedeutender und unberechenbarer seien die durch den Ausbruch entstehenden Gletscherläufe.

Durch die enorme Wärme der heißen Lava schmilzt jetzt schon ein Teil der Eiskappe über dem Vulkan. Das Wasser sammelt sich unheimlich rasch in einem See unter der nun dünneren Eisdecke. Durchbricht die aus Wasser, Eisstücken und Sedimenten bestehende Flutwelle die vorgelagerte Eisbarriere, entleert sich der See innerhalb kürzester Zeit, und die riesigen Fluten ergießen sich über tiefer gelegene Täler und Ebenen des ganzen Landes ins Meer.

Vor 8.400 Jahren bahnte sich auf dem amerikanischen Kontinent schon mal ein ähnliches Unheil an. Für das Schmelzwasser des Agassizsees, der doppelt so groß wie Deutschland ist, gab es kein Halten mehr, und es stürzte in den Atlantischen Ozean. Zugleich sorgt die Gletscherschmelze für ein gigantisches Ansteigen der Meere um weltweit 120 Meter.

So wie die Sintflut – diese massive Bedrohung seines Lebensraums hat der Mensch nie vergessen. Das Gilgamesch-Epos beschreibt die sogenannte „Sintflut" ebenso bildhaft wie die Bibel oder der Koran. Die Überschwemmungen werden in den mythologischen Erzählungen verschiedener Kulturen als eine göttlich veranlasste Flutkatastrophe beschrieben, die die Vernichtung der Zivilisation zum Ziel hatte. Als Gründe für die Sintflut nennen die historischen Quellen zumeist – Verfehlungen der Menschheit.

# 9.

Kurz vor Amarillo TX versucht Lilian zum letzten Mal, ein Motel zu finden, welches bei diesen Ausnahmezuständen trotzdem geöffnet hat. Morgen Abend ist sie in Santa Fe, mit den Kindern, und alle werden im Casita der Johanna wohnen.

Santa Fe, New Mexico, ist eine Stadt wie keine andere und liegt 100 km nördlich von Albuquerque. Sie ist die zweitälteste Stadt in den USA und bietet eine einzigartige Mischung von Geschichte, Architektur, Kultur, Küche und Natur-Aktivitäten.

Ursprünglich wurde sie von Spaniern vor 1607 gegründet, und sie ist nun die älteste Hauptstadt in den United States. Der volle Namen „La Villa Real de Santa Fe de San Francisco de Asis" ist spanisch für „die königliche Stadt des heiligen Glaubens von Franz von Assisi."

Sie liegt 2.333 Meter über dem Meeresspiegel und umfasst fast 56 Quadratkilometer in einem Tal nahe des Rio Grande am südlichen Fuß der Rocky Mountains. Die Stadt schmiegt sich zwischen die Sangre de Christo-Berge im Osten und die Jemez-Berge im Westen.

Der bekannte alljährliche Santa Fe Indian Markt wird im August abgehalten. Er gibt einem die Möglichkeit, originale Kunst-Objekte direkt von 1.200 amerikanischen Indianern zu kaufen, die an diesem Markt teilnehmen und von überall im Land herkommen.

Im Winter wird Santa Fe in ein magisches Wunderland verwandelt, wenn der Schnee die Erde bedeckt, während die Sonne in einem klaren blauen Himmel scheint. Die Luft ist parfümiert mit dem Geruch von Pinonholz.

Die Stadt ist besonders schön um die Weihnachtszeit, wenn überall Farolitos – Papiersäcke mit Sand gefüllt – und brennenden Kerzen stehen. Man entdeckt sie an den Adobewänden, auf den Dächern der Casitas und entlang der Fahr- und Fußgängerwege.

Sonnenaufgänge und Sonnenuntergänge sind wunderbar. Die Bilder, die von den immer wechselnden Formen der weißen und manchmal dunkelgrauen Wolken vor dem Hintergrund eines leuchtend blauen Himmels entstehen, sind faszinierend.

Das Vorderportal der Plaza im Stadtzentrum ist reserviert für die Ureinwohner von Amerika, die dort ihren traditionellen und modernen Schmuck, Töpfereiartikel, Sandgemälde und andere handgefertigte Dinge verkaufen. Sie sind dort 360 Tage im Jahr, von 8 Uhr morgens bis zum Dunkelwerden. Das Native American Artisans Programm des Palasts des Gouverneurs gibt diesen talentierten Künstlern die Möglichkeit, ihre originalen Kunstwerke so zu verkaufen, dass der Käufer die Garantie hat, dass die Dinge echt sind. Die Objekte, die hier ausgestellt sind und verkauft werden, müssen vom Verkäufer selbst oder einem Familienmitglied hergestellt worden sein.

In Santa Fe sowie dem nahegelegenen Los Alomos – bekannt durch seine vielen wissenschaftlichen Entwicklungscentern – wurde bereits der Notstand verhängt. Spitäler, Schulen, Geschäfte und alle öffentlichen Einrichtungen haben geschlossen, da der Rio Grande über seine Ufer tritt und stündlich ansteigendes Wasser von mehreren Zentimeter zu beobachten ist.

Johanna und Allen überlegen hin und her, ob sie auf die Ankunft der anderen warten sollten – haben sie doch seit Tagen nichts mehr von Johannas Mutter gehört, und Margrit ist erst gestern in Long Beach abgefahren. Die beiden

Lehrerinnen benötigen für die Strecke von Kalifornien bis Santa Fe mindestens 13 Stunden, und die Medien berichten schon jetzt von einem Chaos auf den Straßen.

Am späten Nachmittag entscheiden sich die beiden, in das höher gelegene Taos zu fahren, um dort bei gemeinsamen Freunden zu übernachten. Taos, eine von Nordamerikas ältesten, ununterbrochen bewohnten Gemeinden, ist die Heimat der Taos Pueblo Indianer seit mehr als 1.000 Jahren und befindet sich 40 Minuten außerhalb von Santa Fe.

Morgen ist hoffentlich der ganze Spuk vorbei, und sie können dann um die Mittagszeit wieder heimkehren, da Margrit und ihre Freundin sowieso nicht vor dem späten Nachmittag eintreffen werden. Johanna legt sich ihre Katze auf die Schulter, öffnet den schwarzen Lederrucksack, welchen sie immer bei sich trägt, und überfüllt ihn mit allen möglichen Dingen: von Socken, Leggins, Erste-Hilfe-Sachen bis hin zu einem Schweizer Sackmesser und etwas Schnaps ist einfach alles dabei.

Allens Truck ist allzeit bereit für Abenteuer. Er ist immer ausgerüstet mit Zelt, Decken und allen möglichen Outdoor-Materialien, da der 35-Jährige jede freie Minute in der Wildnis verbringt. Den ganzen Tag am Fluss zu fischen und danach den Abend mit Johanna gemütlich am Lagerfeuer zu verbringen, erfüllt den Agrarwissenschafter vollends. Er lebt in einer einfachen, noch mit Holz betriebenen Hütte, ganz in der Nähe des Casitas seiner Freundin. In der Hoffnung, das Richtige zu tun, steigen beide in den Truck und machen sich auf die Fahrt ins Pueblo Dorf.

Margrit und Paige haben bereits eine stolze Strecke hinter sich gelassen. Sie verließen am frühen Morgen Long Beach, fuhren über Anaheim nach Corona, nahmen dort die Interstate 15 nordwärts und bogen dann, in der trostlosen

Gegend kurz nach Victorville, rechts in die I 40 Ost. Ihr Ziel ist es, in Flagstaff AZ zu übernachten und morgen die Reststrecke nach Santa Fe in Angriff zu nehmen. Die beiden Beachgirls sind gut gelaunt, trotz der besorgniserregenden Nachrichten aus dem Radio, die sie nicht so recht glauben wollen.

Wider alle Erwartungen sind die nassen Straßen kaum befahren, denn die meisten Amerikaner warten lieber zu Hause, bis das Unwetter sich wieder beruhigt hat, und lassen den Kelch/die Katastrophe, vor dem Fernseher sitzend, an sich vorübergehen.

Lilian und Margrit fahren beide, ohne es zu wissen, auf der gleichen Interstate, jedoch aus entgegengesetzten Richtungen und haben dasselbe Ziel: so bald wie möglich Albuquerque zu erreichen.

Die Behörden haben den Hurrikan, der bis anhin mit peitschendem Regen und tosendem Wind über den USA gewütet hatte, zum Tropensturm herabgestuft. „Die Auswirkungen ändern sich damit aber nicht", warnte der Chef des Wetterzentrums, Bill Read. Der Wind sei nach wie vor stark, es regne noch immer in Strömen, und ein Nachlassen sei nicht abzusehen.

Lilian hat eine schicke Bleibe am Freeway gefunden und freut sich nach 10 Stunden Fahrt bei diesem schrecklichen Wetter auf ein warmes, sauberes Bett. Hunde sind im Hotel nicht erlaubt, und somit wartet Sie bis Mitternacht, um Talulah ins Zimmer zu schmuggeln, da die arme Galga wahnsinnige Angst vor Blitz und Donner hat.

Gegen 6 Uhr morgens fahren die beiden wieder weiter und Lilian wundert sich über den schwarzen Himmel. Das Radio hat leider schon seit gestern Mittag keinen Empfang mehr, und somit weiß sie nicht, ob dieser unheimliche dunkle Tag dem Ausbruch des Vulkans zuzuschreiben ist. Auch der Fernseher war am Vorabend außer Betrieb, und heute Morgen hatte die ganze Gegend keinen Strom.

Stunden später hält Lilian im K-Mart, einem der wenigen offenen Läden kurz vor Albuquerque, um sich nochmals reichlich mit Vorräten zu versorgen, da es wirklich langsam nach ungewissen Zeiten aussieht. Das Warenhaus bietet von Lebensmitteln, Kleidern bis hin zu Schrauben einfach alles an und ist so voll, dass man unmöglich hätte umfallen können. Die meisten Regale sind leergekauft, und Lilian entscheidet sich für länger haltbare Vorräte, Decken, viel Wasser und pasteurisierte Milch. Sie verstaut alles im Wohnwagen und macht sich auf die Weiterfahrt, ohne mit einem einzigen Menschen gesprochen zu haben. Wir leben auf der gleichen Erde, und uns alle erwartet in den nächsten Tagen das gleiche Schicksal, und trotzdem sind wir uns so fremd und verfolgen nur unsere eigenen Interessen.

Kurze Zeit später steuert sie das Wohnmobil nach rechts in die Fernstraße 25 Nord und fährt die letzte Stunde in Erinnerungen schwelgend durch die Canyons, hoch nach Santa Fe.

Wie oft war sie diese Strecke mit Buddha, ihrem treuen Lhasa Apso, gefahren. Sechs Jahre hat das liebe Tier ihr Leben bereichert, bis er dann, kurz vor dem Rückzug in die Schweiz, an Krebs verstarb.

Margrit und Paige haben auch die Interstate 40 verlassen, jedoch unfreiwillig, da die Straße von Gallup bis Albuquerque wegen eines Erdrutsches gesperrt wurde. Nach einem kurzen Blick auf die Straßenkarte sind sich beide einig, die Nebenstraße 491 nordwärts nach Shiprock zu nehmen und danach ostwärts auf die 64 abzubiegen, um so über Farmington nach Santa Fe zu gelangen. Natürlich wird das ein Umweg von mehreren Stunden sein, aber die beiden können sich beim Fahren abwechseln und Margrit liebt Roadtrips.

Keine der drei Schweizerinnen weiß zu diesem Zeitpunkt, wo die anderen sind, und fast zeitgleich erreicht jede einzelne kleine Gruppe ihren Übernachtungsort.

Johanna und Allen wurden am Vorabend herzlich von ihren Freunden in deren Adobe Heim empfangen und hatten sich bereits im Morgengrauen wieder auf die Heimfahrt nach Santa Fe gemacht. Nach wenigen Meilen mussten sie jedoch das Unterfangen abbrechen und nach Taos zurückfahren, da die Straße komplett überschwemmt war und es immer noch sintflutartig regnete.

Überall geht ein frühes Ahnen dem späteren Wissen voraus – hat Johanna deshalb ihren Kater mitgenommen, was sie eigentlich eher selten macht? Nach einer kurzen Absprache entscheiden sich die beiden, die Gastfreundschaft der Kollegen noch eine Nacht in Anspruch zu nehmen.

Margrit und Paige finden Unterschlupf beim Sheriff von Farmington und seiner Familie. Der gewissenhafte Mann spricht die beiden Damen aus Kalifornien beim Tanken an und rät ihnen, bei diesem grauenhaften Wetter doch unbedingt in der Stadt zu übernachten.

Lilian und Talulah stehen bei strömendem Regen vor Johannas leerer Casita in Tesuque, 5 Minuten außerhalb von Santa Fe. Der sonst so klare, dunkelblaue Himmel New Mexikos ist schwarz verhangen, und die ganze Gegend wirkt dadurch unheimlich düster. Der Boden ist matschig und aufgeweicht, sodass Lilian in ihren Woody Kurzschaftstiefeln immer wieder stecken bleibt.

Mit dem Reserveschlüssel, der wie immer unter dem Blumentopf liegt, öffnet Lilian die Eingangstüre. Doch schon bald wird ihre Vorfreude auf die Mädchen getrübt, als sie realisiert, dass Tesoro, Johannas Katze, nicht da ist. Die Krankenschwester nimmt den Kater nur mit, wenn sie gedenkt, länger wegzubleiben, und deshalb wird Lilian sofort klar, dass die Drei Santa Fe bereits verlassen haben, aufgrund der unberechenbaren Gefahr des Rio Grandes.

Sie entscheidet sich, die Nacht hier zu verbringen und denkt krampfhaft nach, wo die Kinder im Notfall hingehen würden. Ja, der Glaube macht Dinge möglich, aber definitiv nicht einfacher.

# 10.

The Four Corners – 5 Uhr morgens erinnert sich Lilian plötzlich, wie sie ihren Töchtern immer wieder die Weissagungen der Hopis erzählte und davon, wie dieser Indianerstamm der festen Überzeugung ist, dass im Falle einer Umweltkatastrophe die Gegend rund um the Four Corners am sichersten sei.

Vier Ecken – es handelt sich dabei um eine Stelle, an der die vier US-Bundesstaaten Utah, Colorado, New Mexico und Arizona (im Uhrzeigersinn, beginnend im Nordwesten) aufeinandertreffen. Dies ist das einzige Bundesstaaten-Vierländereck der Vereinigten Staaten. Es liegt auf dem Colorado-Plateau und gehört zur Navajo Nation, dem selbstverwalteten Territorium der Navajo, die sich selbst Diné nennen.

Schon vor 2.000 Jahren ritzten Hopis unzählige Weisheiten in den Grand Canyon, und Weiße Feder vom Bärenstamm der Hopis sagte:

„Die vierte Welt wird bald enden, und die fünfte Welt wird beginnen. Das wissen die Ältesten überall. Die Zeichen haben sich über viele Jahre erfüllt, und nur wenige sind geblieben.

Das ist das erste Zeichen: Uns wurde berichtet vom Kommen weißhäutiger Menschen, Menschen, die das Land, was nicht ihres war, nahmen, die ihre Tiere mit Donner erschlugen. (Gewehre)

Das ist das zweite Zeichen: Unsere Länder werden das Kommen drehender Räder, gefüllt mit Stimmen, sehen. (Wagen)

Das ist das dritte Zeichen: Ein starkes Vieh wie ein Büffel mit großen, langen Hörnern wird das Land in großer Zahl überrennen. (Longhornrind)

Das ist das vierte Zeichen: Das Land wird durchzogen von Schlangen aus Eisen. (Eisenbahnen)

Das ist das fünfte Zeichen: Das Land wird kreuz und quer durchzogen von einem riesenhaften Spinnennetz. (Strom- und Fernsprechleitungen)

Das ist das sechste Zeichen: Das Land wird kreuz und quer durchzogen mit Flüssen aus Stein, die Bilder in der Sonne machen. (Asphaltstraßen mit Luftspiegelung)

Das ist das siebte Zeichen: Ihr werdet hören, dass die See sich schwarz färbt, und viele lebende Wesen sterben deswegen. (Ölverschmutzung)

Das ist das achte Zeichen: Ihr werdet viele Junge sehen, die ihr Haar lang tragen wie unsere Leute, die kommen und sich mit den Eingeborenen treffen, um unsere Weisheit und unsere Lebensweise zu lernen. (Hippies)

Und das ist das neunte und letzte Zeichen: Ihr werdet von einem Haus im Himmel hören, über der Erde, das mit einem großen Knall zur Erde fällt. Es wird als ein blauer Stern erscheinen. Sehr bald danach werden die Zeremonien der Hopi verschwinden. (eine Raumstation)

Das sind die Zeichen, dass die große Zerstörung nahe ist: Die Welt wird hin und her geschüttelt werden. Der weiße Mann wird Menschen in anderen Ländern töten, in den Ländern, die zuerst das Licht der Weisheit besaßen. Es wird viele Säulen des Rauchs und des Feuers geben. Die, die in der Nähe der Four Corners bleiben, werden verschont bleiben.

Es ist nicht schön mit anzusehen, aber wir werden es überleben. Viele werden es überleben. Und wenn wir es überlebt haben, werden die eingeborenen Menschen auf der Erde eingeladen, in den Kreis des Menschen einzutreten, weil der Standpunkt uns gegenüber anders sein wird. Und die Menschen werden uns in den Kreis lassen, und alle vier Farben der vier Richtungen werden ihre Weisheit gemeinsam benutzen, und es wird Friede sein auf Erden. Sie werden den Weg ebnen zum Eintreten in die fünfte Welt."

„Unsere Weissagungen sind niemals dazu da,
dass sie eintreten –
sondern sie sind ein Wegweiser zur Veränderung.
Jede Weissagung, die eingetreten ist,
ist eine Weissagung, die fehlgeschlagen hat …"
Die Mayas

Lilian war damals so fasziniert, als sie diese Worte an dem Pow Wow – Gathering of Nations – in Albuquerque gehört hatte.

Ein Powwow (auch Pow-Wow oder Pow Wow) ist ein Treffen nordamerikanischer Indianer (oder auch von Indianern mit Nicht-Indianern), um gemeinsam zu tanzen, zu singen, Kontakte zu knüpfen und die indianischen Kulturen zu ehren.

Powwows sind der deutlichste Ausdruck in der Öffentlichkeit der nordamerikanischen Indianerkulturen. Die Teilnehmer präsentieren hier stolz ihre Stammeszugehörigkeit und erneuern bei jeder dieser Veranstaltungen ihr Selbstverständnis als „Native Americans". Powwows sind soziologisch betrachtet weit mehr als nur indianische Volksfeste. Der Zweck eines Powwows besteht darin, den gemeinschaftlichen Geist zu stärken und die Zugehörigkeit zu einer indianischen Kultur aktiv zu leben. Das geschieht durch Stärkung von Körper, Seele und Geist. Für ein gutes Leben ist es den Powwowleuten wichtig, bewusst die Traditionen zu pflegen. Auf den Powwows geschieht das beispielsweise durch Trachten, Abzeichen, Regalia, Symbole, Tänze, Rituale, Rechtsakte, Zeremonien, Ehrungen, Speisen, Sprache(n), Lieder, Gebete, Geschichten, Anekdoten, Witze, Kunst, Spiele, Sport usw. Außerdem wird geraucht, um den Mächten ein Opfer zu bringen oder diese einzuladen. Powwows sind in erster Linie ein komprimiertes Abbild der traditionellen Lebensweise der Ureinwohner der nordamerikanischen Plains und Prärien. Die gemeinsame Teilnahme von Angehörigen, sehr unterschiedlicher Stammeskulturen, führt trotz der Pflege der jeweiligen Eigenheiten zu einer Vermischung der unterschiedlichen kulturellen Elemente und fördert so das Entstehen einer gemeinsamen indianischen Kultur mit einem Schwerpunkt auf den Plainskulturen. Auch die Tatsache, dass sich bei Powwows häufig „multikulturelle" Liebespaare finden, bestätigt diesen Trend.

Ein anderer Grund für Powwows ist das Finden eines Kompromisses für ein Problem, auch für ein Friedensangebot zwischen verschiedenen Parteien.

Wenn Lilian die Augen schließt, kann sie heute noch das rhythmische Trommeln und die lauten Gesänge der verschiedenen Stämme hören. Die Mitglieder einer Gruppe von vier bis zu zehn Personen schlagen gemeinsam auf eine spezielle große Trommel, die flach über der Erde aufgehängt ist, und singen dazu traditionelle Lieder. Viele Trommelgruppen bestehen aus Verwandten. Die Trommel selbst hat bei traditionellen Powwows den Status einer geehrten Person und befindet sich im Zentrum der Veranstaltung. Der „Keeper of the drum" oder auch „Lead Singer" gibt durch Gesten und Gesang das Tempo und die Lautstärke vor.

Stundenlang hat Lilian damals, oftmals als einzige Weiße, den Indianern in ihren selbst genähten Trachten beim Tanzen zugesehen und tauchte voller Respekt und Dankbarkeit in eine, ihr als Walliserin unbekannte Welt, ein. Einmal war auch Johanna dabei, die sich, ihrer spontanen Art entsprechend, einfach zum Volk mischte und mittanzte. Wenn sie nicht in Jeans gewesen wäre, hätte man sie, mit ihren hüftlangen kastanienfarbenen Haaren und den haselnussbraunen Augen, glatt für eine Eingeborene halten können. Ja, sie kommt in ihrem Aussehen nach dem Vater, denn Lilian und Margrit haben blondes Haar mit türkisblau-grünen Augen.

Genau, das ist es – Lilian muss rauf, in die Nähe der vier Ecken und genau da Ausschau halten, nach den Töchtern und deren Partnern. Sie verlässt kurz nach 6 Uhr, der strömende Regen hat über Nacht kein bisschen nachgelassen, das Häuschen von Johanna und füllt noch ihren Tank in Espanola – die einer Geisterstadt ähnelt – und macht sich auf die Weiterfahrt 84 Nord, Richtung Pagosa Springs in Colorado. Bis Durango rechnet sie heute gute vier Stunden ein, da die Straßen wirklich zu wünschen übrig lassen.

Höchst selten begegnet sie einem anderen Fahrzeug, was sie etwas verunsichert, und so fragt sie sich, ob die Gefahr von ihr doch vielleicht etwas unterschätzt wird. Aber die Sehnsucht nach den Kindern ist stärker und kann unglaubliche Kräfte in einer Mutter hervorrufen. Immer wieder schaut sie nach hinten ins Wohnmobil, wo ihr Windhund ausgestreckt und voller Zuversicht schläft. An der Grenze von Colorado hält sie Ausschau nach einem offenen Denny's Diner oder einem Imbiss 7-Eleven, die normalerweise jeden Tag 24 Stunden offen sind – aber keine Chance. In Pagosa biegt sie links in die 160 west und fährt durch bis zur Westernstadt Durango. Lilian lächelt bei dem Gedanken, an die Erlebnisse, als sie das letzte Mal hier war und mit Johanna im Saloon Line Dance zu „Cotton Eye Joe" tanzte.

Das Städtchen Durango, malerisch in einem von waldreichen Bergen umgebenen Tal der südlichen Rocky Mountains gelegen, hat sich noch viel vom Charme der Gründerjahre bewahrt. Die bunte Mischung aus alten viktorianischen Gebäuden, Hotels, Bars, Saloons, dem Bahnhof mit alten Dampfloks, internationaler Küche, Kunst und Kultur zieht jährlich Tausende von Besuchern an. Daneben ist Durango beliebter

Ausgangspunkt für eine Fahrt mit der alten Schmalspureisenbahn nach Silverton und für Jeeptouren oder Wanderungen in die Berge und zu den alten Minenstädten der Rocky Mountains.

Doch heute ist die Stadt wie ausgestorben, alles ist geschlossen, dunkel, düster, und es hat den Anschein, als ob die ganze Gegend ohne Strom ist. Wie gestern ist auch heute der Himmel zur Mittagszeit immer noch schwarzgrau bedeckt, und der strömende Regen hat noch nicht nachgelassen.

Lilian ist sich sicher, dass die Girls die gleichen Überlegungen anstellen und sich, wie sie, in die Nähe der Four Corners begeben. Im Schritttempo bewegt sie sich durch die verlassene Stadt und fährt noch etwa 40 Minuten weiter, zum Nationalpark Mesa Verde – Grüner Tafelberg.

Mesa Verde ist ein dicht bewaldeter und zerklüfteter Tafelberg, der sich von der umliegenden Landschaft des südwestlichen Colorado um mehr als 600 Meter abhebt und damit an seinen höchsten Punkten eine Höhe von fast 2.600 Metern erreicht.

Auf diesem markant aus der Ebene aufragenden Bergrücken westlich von Durango liegen die in natürliche Felshöhlen meisterhaft eingefügten Felsklippenpueblos von Mesa Verde. Diese sogenannten ‚Cliff Dwellings' gehören neben den großen Puebloanlagen im Chaco Canyon New Mexicos zu den beeindruckendsten architektonischen Zeugnissen der frühen Indianerkulturen im Südwesten Amerikas. Der Park schützt rund 4.000 archäologische Stätten, insbesondere die erst Ende des 19. Jahrhunderts vollständig erforschten, gut erhaltenen Felsbehausungen vorkolumbischer Anasazi-Stämme.

Die Anasazi – deren Bauten etwa im 16. Jahrhundert erstmals von den Navajo entdeckt wurden und von denen sie auch ihren heute allgemein verbreiteten Namen erhielten – erreichten in dieser Zeit ihren kulturellen Höhepunkt. Auch wenn sich trotz jahrzehntelanger Ausgrabungen und Forschungen die ganze Geschichte der auf dem Tafelberg lebenden Anasazi nicht mehr eindeutig und vollständig rekonstruieren lässt, lassen gefundene Gebrauchsgegenstände einige Rückschlüsse auf ihren Alltag zu. So waren die Bewohner von Mesa Verde ausgezeichnete Töpfer und Korbflechter; zu ihren Erzeugnissen gehörten neben Töpfen, Trinkgefäßen und Schöpfkellen auch solche Gegenstände, die vermutlich zu zeremoniellen Zwecken benutzt wurden. Man geht davon aus, dass das Handwerk insbesondere von Frauen ausgeübt wurde und die Fertigkeiten von den Müttern an die Töchter weitergegeben wurden. Die Töpferzeugnisse wurden in dieser Blütezeit mit geometrischen Strukturen verziert. Es finden sich außerdem relativ einfache Beispiele für Felsgravierungen, die menschliche Formen darstellen.

Die Anasazi verfügten seinerzeit bereits über hervorragende Bewässerungssysteme, die ihnen zum Anbau von Mais, Bohnen und Paprika verhalfen. Beispiel für ein Staubecken ist der Mummy Lake, der einen Teil von Far View bildet. Weitere Nahrungsquelle war die Jagd der Männer, die aufgrund der zu überwindenden Höhenunterschiede durch das zerklüftete Mesa Verde beschwerlich gewesen sein dürfte.

Bald nach der Errichtung der Cliff dwellings begann eine langsame Entvölkerung. Die Gründe sind bis heute unklar. Vielleicht spielte auch eine zunehmende Dürre eine Rolle, die ihren Höhepunkt zwischen 1275 und 1299 erreichte. Sie verschlechterte die Lebensverhältnisse für Anbau, Holzgewinnung und Jagd, wie sich an der immer kritischer werdenden Ernährung nachweisen lässt. Um 1300 n. Chr. war es hier praktisch menschenleer.

Genau diese Höhenlage von fast 2.600 Metern und die unmittelbare Nähe zu den vier Ecken sind für Lilians Entscheidung, hier zu bleiben, maßgebend und machen absolut Sinn, falls die Wassermassen noch weiter ansteigen.

# 11.

Es ist erst zwei Uhr nachmittags, doch Lilian hat ihre liebe Mühe, bei dieser Dunkelheit einen sichereren Platz für ihr Wohnmobil zu finden. Sie fährt noch ungefähr 3 Meilen und parkt dann auf einer Lichtung, nahe der schmalen Durchfahrtsstraße der Mesa Verde. In Begleitung von Talulah durchstreift sie die Umgebung, in der Hoffnung, noch andere Menschen anzutreffen. Es ist eigentlich nicht kalt, einfach nur wahnsinnig feucht, unangenehm und finster – schon fast mystisch nach so vielen Tagen des Regnens. Die dunkelgrünen Tannen sind verhangen von grauweißen Nebelschwaden, und der durchnässte Waldboden lässt Lilians Stiefel bei jedem Schritt tief einsinken.

Zurück im Wohnwagen öffnet sie eine Dosensuppe und erwärmt den Inhalt auf dem Gasherd. Der Wassertank ist gefüllt mit ca. 100 Litern, dann sind da 2 Reserve-Gasflaschen, und der Strom-Generator läuft mit Diesel. Nach einem genauen Analysieren, der Fakten in der nun vorhandenen Lebenssituation, steigt sie die kleine Leiter hoch ins Bett oberhalb der Fahrerkabine und überblickt ihr neues Zuhause. Sie hat eigentlich alles, was sie braucht, in diesem Wohnwagen, und die Anwesenheit des schlafenden Windhundes vermittelt ihr eine wahre Sicherheit in dieser unsicheren Welt.

Margrit und Paige haben sich glücklicherweise vom Sheriff dazu überreden lassen, noch länger in der Stadt zu bleiben, und nachdem seine Frau dann erklärte, wie nahe Farmington beim Four Corner sei, fielen der Lehrerin plötzlich die Geschichten ihrer Mutter, über die Weissagungen der Hopis, wieder ein.

Dankbar nehmen die beiden die großzügige Gastfreundschaft an und entscheiden sich, die nächsten Tage definitiv in der ca. 45.000-Seelen-Gemeinde – auf einer Höhe von 1.644 Metern – zu verbringen.

Spanische Einwanderer zogen Ende des 18. Jahrhunderts durch die Gegend des späteren San Juan County, von denen sich einige in dessen Osten niederließen. Erst in der Mitte der 1870er Jahre begann die Bevölkerung nennenswert zu wachsen, und die Siedlung „Farmingtown" entstand, die später in Farmington umbenannt wurde. In der Folge entwickelte sich im Ort eine landwirtschaftlich geprägte Wirtschaft, und der Ort wurde 1901 als Gemeinde offiziell registriert.

Zu Beginn des 20. Jahrhunderts war insbesondere der Anbau von Äpfeln ein wesentliches Standbein der Wirtschaft in Farmington, bevor später auch die Erdöl- und Erdgasproduktion, die bis heute dort ansässig sind, hinzukamen.

Farmington wurde weltweit bekannt, als von dort am 17. März 1950, drei Monate vor Ausbruch des Korea-Krieges, die größte angebliche Sichtung von „Fliegenden Untertassen" in den USA berichtet wurde. In Farmington befindet sich der Historic Downtown Commercial District. Das Gebiet umfasst 62 historische Gebäude, in 8 Häuserblocks, zwischen Main Street und Broadway sowie zwischen der Auburn und der Miller Avenue.

Johanna erzählt ihrem Freund ebenfalls die Geschichte der Vier Ecken, und die beiden fahren nach einem üppigen amerikanischen Frühstück mit Rösti, Speck und Spiegeleiern, auf der 64, von Taos nach Bloomfield und dann über Aztec zum 1.988 hohen Durango. Die Stadt mit ihren knapp 17.000 Einwohnern ist auch Allen sehr sympathisch und angemessen sicher in dieser außergewöhnlichen, nicht abschätzbaren Wetterlage. Wie Lilian Stunden zuvor finden auch die beiden eine ausgestorbene, stromlose Stadt vor und halten im Saloon-Hotel, um sich dort nach einer Bleibe umzuschauen. Die Besitzerin, eine ältere Dame, ist froh über die Ankunft einer Krankenschwester und deren 2.04 Meter großen Begleitung. Sie berichtet ängstlich, wie der Strom schon seit Tagen aus sei und die meisten Bewohner, wie auch sie, einfach das Haus nicht verlassen würden. Man versucht, es einfach auszusitzen, das ist etwas, was die Amerikaner wirklich können – sie sind Experten im Anstehen, Warten und Warten. Das und die eine Hand im Schoss beim Essen unterscheidet sie einfach deutlich vom Europäer.

In dieser Nacht treten all die Befürchtungen und Vorhersagen der Meteorologen sowie Wissenschaftler in vollem Umfang ein. Der Vulkan war tatsächlich ausgebrochen und verantwortlich für die Dunkelheit der letzten Tage in ganz Amerika. Eine der vielen Folgen war die Entstehung eines riesigen Gletschersees, bestehend aus Tonnen von Schmelzwasser, der nun das ganze Land überflutet, Flüsse überlaufen lässt, Straßen in Kanäle verwandelt und einen Meeresspiegelanstieg von unglaublichen 67 Metern bewirkt. Alles, wirklich alles unter 1.600 Höhenmetern versinkt in den Fluten des von allen Seiten hereinströmenden Wassers. Wie bei Schnee-Lawinen presst die riesige Wucht des Luftdruckes zuerst Fenster und Türen ein und die darauf folgende, sekundenlange Stille wird vom ohrenbetäubenden Rauschen der Flutwellen blitzartig unterbrochen. Der Pazifik bewegt sich auf den Atlantik zu, und zusammen verschlingen sie 2/3 des ganzen Kontinentes. Da gibt es flache Gegenden, in denen die beiden Ozeane sogar aufeinanderprallen und zu einem einzigen Gewässer zusammenschmelzen.

Die Menschen werden komplett überrascht; dauert das Ganze doch nur wenige Stunden und lässt 70 Prozent einer Weltmacht untergehen.

Nicht mal alle Gebiete über 1.600 Metern bleiben verschont. Viele höher gelegene Städte und Dörfer werden trotzdem überschwemmt und zwar von den Wassermassen der überlaufenden Flüsse und Seen. Gegen solche Naturgewalten sind die Menschen machtlos, und eine Kontrolle der Situation ist wahrlich unmöglich. Auf so etwas kann man einfach nicht vorbereitet sein, und keine Technik der Welt hätte das verhindern können.

Wie die Hopis vor über 2.000 Jahren prophezeiten bleibt die Gegend rund um das Vier-Staaten-Eck unversehrt, so wie auch das Gebiet entlang der Rockies, die sogenannten Mountain States.

Die Rocky Mountains, umgangssprachlich auch Rockies genannt, sind ein ausgedehntes Faltengebirge im westlichen Nordamerika. Die Berge erstrecken sich, je nach Definition, über 4.500–5.000 km von New Mexico durch die kontinentalen Vereinigten Staaten bis nach Kanada und bilden eine der wesentlichen geografischen Provinzen der USA.

Die Rocky Mountains sind Teil der von Feuerland bis Alaska reichenden Kordilleren. Sie beheimaten bedeutende Nationalparks wie den Yellowstone-Nationalpark und diverse Wintersportzentren. Außerdem sind sie reich an Bodenschätzen.

Durch das Fehlen der Medien weiß keiner der Überlebenden, was eigentlich genau geschehen ist, und jeder ist nun verantwortlich für seine eigene kleine Welt; für sich und den Nächsten. Jetzt braucht es Gegenwärtigkeit, Achtsamkeit und Bewusstheit, denn der größte Teil aller menschlichen Schwächen und schlechten Charaktereigenschaften hat die Wurzeln in der Angst. Angst tötet auch gute Ideen, etwas, was die Menschen jetzt unbedingt brauchen.

Für alle, die weltweit verschont geblieben sind, gilt nun die Erkenntnis, dass der Augenblick immer so ist, wie wir bestimmen, ihn zu erleben, und somit kreieren wir den Moment. Die Schöpferkraft der Überlebenden und somit die Zukunft liegt nun in deren Absichten.

Außer dem tosenden unaufhaltsamen Regen ist in dieser Nacht des Untergangs in Farmington, Durango und der Mesa Verde eigentlich nichts ungewöhnlich, und Lilian, Johanna, Margrit, ihre Partner sowie der Rest der Überlebenden sind sich des genauen Ausmaßes dieser Katastrophe gar nicht bewusst.

Diesem Umstand ist es zu verdanken, dass sich nur wenige Paniksituationen ergeben; denn die Menschen sind nicht am Verstehen dieser Weltveränderung interessiert, sondern konzentrieren sich auf ein Zurechtfinden mit den neuen Umständen und der momentanen Situation.

Mit einem Schlag sind alle gleich, und zwar Überlebende der 4. Dimension auf dem Weg zur Transformation und dem Einzug in die 5. Dimension. Die 5. Dimension ist ein Zustand des Bewusstseins, den man als die Befreiung aus der Angst bezeichnen könnte. Diese neue Epoche ist gekennzeichnet dadurch, dass der Mensch die Getrenntheit verlässt und erkennt, dass er eine Einheit zusammen mit allen anderen Menschen bildet.

Alle haben eines gemeinsam, sie sind auserlesen und erhalten eine neue Chance. Die Gegenwart wird zur Vergangenheit, und die Zukunft kann neu geschrieben werden. Der materielle Status existiert nicht mehr, das Aussehen ist zweitranig, denn jetzt zählt der Mensch, seine inneren Werte, und das ist sein ganzer Reichtum.

Es ist der Zeitpunkt, uns endlich auf den wahren Ursprung unseres Daseins zu besinnen und uns auf den Weg zu einem besseren Leben zu machen, und nur Menschen, die es nicht verlernt haben, mit der Natur zu leben, werden auch überleben.

Hat es eine solche Katastrophe wirklich gebraucht, war die Menschheit zu abgelenkt in dem kommerziellen Denken und somit zu weit weg von ihrem wahren Sein, von den Tugenden, die das Leben ausmachen?

Tausende von Ressourcen zur Selbstwert-Erkennung, Bewusstseinserweiterung usw. waren doch durch unsere enorme Technik jederzeit abrufbar. In den letzten zweitausend Jahren hatten wir so viele spirituelle Lehrer und Vorbilder, welche ihre Weisheiten an uns weitergegeben haben – auf einem goldenen Tablett, wie der 1887 in Südindien geborene Sri Swami Sivananda.

Er hat schon im letzten Jahrhundert in seinem Ashram in Rishikesh am Ganges zu Füßen des Himalajas Bewusstseins-Erkenntnisse gelehrt. Die „Achtzehnkeiten" des Arztes waren weltweit bekannt, jedoch spärlich angewandt oder umgesetzt worden. Es sind Tugenden, die das Leben verbessern – eine persönliche Entwicklung, wodurch wir unsere Sicht verändern; auf uns selbst, die Welt und die Menschen. Sie sind genau diese Werte, die die Überlebenden nun brauchen, um die Tore zur neuen Welt der Harmonie und Liebe zu öffnen.

- Bedachtsamkeit
- Regelmäßigkeit
- Uneitelkeit
- Aufrichtigkeit
- Geradlinigkeit
- Wahrhaftigkeit
- Unerschütterlichkeit
- Beständigkeit
- Nicht Erregbarkeit
- Anpassungsfähigkeit
- Mäßigkeit
- Hartnäckigkeit

- Redlichkeit
- Menschlichkeit
- Großherzigkeit
- Wohltätigkeit
- Großzügigkeit
- Sauberkeit

Mit diesen Charaktereigenschaften ist man wirklich wohlhabend und erreicht immer ein besseres Leben, in der damaligen Welt, in der jetzigen, in jeder Welt – unabhängig von den äußeren Umständen.

# 12.

Den ersten Tag der Welttransformation verbringt Lilian mit dem Erkunden der Gegend. Sie erinnert sich noch an die in den Felsen gemeißelte Stadt und möchte herausfinden, ob sich da vielleicht Menschen aufhalten. Der Standort ist perfekt, man kann ihn von oben sowie von unten nicht erkennen, und ohne das Wissen des geheimen Weges über viele Holzleitern hinweg findet man das einzigartige Bauwerk nie.

Plötzlich hört die Schweizerin von weit her dumpfe Trommelgeräusche und vermutet, dass es sich um die Hopis handeln könnte, deren Siedlungen auf dem Colorado-Plateau liegen.

Es gibt zwischen 8.000 und 12.000 Hopi, wovon etwa 7.000 innerhalb des Reservates leben. Dort bewohnen sie ihre typischen terrassierten Pueblobauten aus Stein und Lehmziegeln und auch Häuser aus Hohlblocksteinen.

Lilian erinnert sich noch genau an ihren letzten Besuch, und daran, dass die Haltung der Hopi gegenüber Weißen und Touristen immer sehr reserviert aber höflich war. Ein Besucherzentrum am Anfang des Reservates wies darauf hin, dass ein Weiterfahren eigentlich nicht mehr notwendig, aber grundsätzlich erlaubt sei. Das Fotografieren, Filmen und Zeichnen in den Dörfern und in bestimmten Bereichen des Reservates war jedoch strengstens verboten. Kein anderer Stamm produziert mehr fantastische handwerkliche Arbeiten als die Hopi, deren Erzeugnisse sowohl in den Dörfern als auch außerhalb des Reservates verkauft werden.

Das Territorium der Hopi auf den Mesas ist völlig umschlossen vom Navajo-Reservat. Mit fast 300.000 Stammesangehörigen sind die Navajos der bevölkerungsreichste Stamm Nordamerikas. Die Nation wird seit 1923 von einem Stammesrat gebildet, aus den Repräsentanten der 88 Siedlungen und von einem direkt gewählten Vorsitzenden verwaltet. Sie hat Steuerhoheit wie ein amerikanischer Bundesstaat, eine eigene Polizei und eigene Gerichtsbarkeit. Der Boden des Reservats ist reich an Rohstoffen wie Erdöl, Erdgas, Kohle, Holz und Uran. Trotz aller Rohstoffe gibt es leider viel zu wenig verarbeitende Betriebe und keine eigene Dienstleistungswirtschaft. Die Arbeitslosenrate war vor der Katastrophe, wie auch in den anderen Reservaten, sehr hoch.

Im Zweiten Weltkrieg arbeiteten relativ viele Navajo als Funker für das US-Militär im Pazifikkrieg gegen Japan. Als es den Japanern gelungen war, amerikanische Funkcodes zu entschlüsseln, wurde der Navajo-Code entwickelt, der im Wesentlichen aus der Sprache der Navajo bestand. Als Windtalkers, bezeichnete Navajos, wurden an allen Standorten des Pazifikkriegs eingesetzt und tauschten Nachrichten in ihrer Sprache aus. Dieser Funkverkehr konnte von den Japanern trotz aller Bemühungen bis zum Ende des Krieges nicht übersetzt werden – ein Vorteil der außergewöhnlich komplexen Sprache der Navajo.

In Farmington werden die Bewohner im Gemeindehaus zu einer Krisenorientierung zusammengerufen. Der Bürgermeister hat, nach Absprache mit dem Stadtrat, eine, der Situation angepasster Umstrukturierung, ausgearbeitet.

Alle Einwohner Farmingtons geben, was sie haben und tun, was sie können – nach dem Motto „einer für alle und alle für einen". Wer Lebensmittel braucht, muss sie persönlich abholen; über jede Familie wird genau Buch geführt, und wer etwas im Überfluss besitzt, bringt dies mit. Jeder Einzelne trägt Verantwortung fürs Gelingen und Zurechtfinden in der neu vorgegebenen Lebenslage, die vielleicht permanent sein kann, und gibt sein Bestes. Der Strom wird in absehbarer Zukunft bestimmt nicht zurückkommen, eine Tatsache, die den Überlebenden klar ist, und Benzin, Gas usw. gibt es, solange es sie gibt.

Margrit und Paige helfen dem Sheriff, wo sie nur können, und unterstützen die Gemeinde mit administrativen Bestandsaufnahmen.

Eine ähnliche Strategie wird in Durango praktiziert. Das Austauschen der Waren und Informationen findet an der Mainstreet statt, doch ansonsten ziehen die Bewohner sich auf ihre Farmen, in ihre Häuser und auf ihre Ranchen zurück, und jeder, der ein Pferd besitzt, betrachtet sich als ein Lottogewinner.

Johanna läuft zur nahegelegenen Klinik, um Benzin zu sparen und macht sich vor Ort ein Bild der gegebenen Situation. Ohne Strom ist es enorm schwer, im Gesundheitsbereich zu funktionieren, und doch müssen überbrückende Lösungen und gerechtfertigte Maßnahmen getroffen werden. Leider sind viele Ärzte nach dem Stromausfall, vor 5 Tagen, zu Verwandten und Freunden gefahren und werden, wenn überhaupt, so schnell nicht zurückkommen.

Bei Johannas Eintreffen wird die Krisensitzung der noch vorhandenen Staff-Mitglieder kurz unterbrochen, um die Berufskollegin zu begrüßen und als neues Mitglied willkommen zu heißen. Auch hier wird beschlossen, dass jeder kommt, wie er kann, sein Fachwissen zur Verfügung stellt und gemeinsam mit den anderen, im Team, nach medizinischen Möglichkeiten, den Umständen entsprechend, sucht. Man entscheidet sich, das Spital für alle, die Hilfe brauchen, durchgehend zu betreiben und mit den Medikamenten extrem gewissenhaft zu haushalten. Die Notstromversorgung sollte auch noch eine Weile funktionieren

Allen, der Geologe, erkundet mit mehreren Cowboys, hoch zu Ross, die Gegend rund um Durango. Landschaftlich ist Durango vor allem durch das wüste Bergland der westlichen Sierra Madre geprägt. Die Männer, eine zusammengewürfelte Gruppe aus Farmern, Wissenschaftlern, Gemeindemitgliedern und Forstwarts suchen nach Antworten für ein respektvolles Über- und Zusammenleben in und mit der Natur. Die Zeiten des „die Blinden führen die Blinden" sind nun endgültig vorbei.

Dieses ist wahre Verbundenheit: Die Achtung der Interessen des Einzelnen, der menschlichen Gemeinschaft, der Natur und aller Lebewesen – und diese endlich nicht mehr in Konkurrenz zueinander zu stellen. Wenn sie sich gegenseitig ergänzen, können sie gemeinsam das Leben auf diesem Planeten, und was davon noch vorhanden ist, auf eine ganz neue Qualitätsstufe heben.

Verbundenheit ist ein wahres Geschenk – und zwar für alle. Ein genialer Mechanismus, um uns gut zu fühlen – einfach so, und Verbundenheit ist das Ende jeder Einsamkeit.

Schon die ersten Tage der Transformation werden beherrscht von einem friedlichen Zusammenleben, und alle sind auf dem besten Weg dahin. Soldaten und Polizisten sind nicht mehr nötig und stehen nun im Dienste des Sozialen. Jeder achtet und schätzt den anderen. Die Menschheit erlangt eine höhere Dimension ihres Bewusstseins – die Wissenschaft sagte ja schon lange, dass wir bislang nur einige Prozente unseres Geistes im Einsatz hatten.

Wir kommen unseren unbegrenzten Möglichkeiten näher, verstehen unsere Einheit, wie sehr wir doch alle miteinander verbunden sind, und daraus werden feindselige Gedanken und Handlungen gar nicht mehr in Erwägung gezogen. Die Überlebenden verlassen nach und nach die Dualität, das Gedankenmuster von Gut und Böse und konzentrieren sich auf Verbesserung – und zwar im Hier und Jetzt.

Der momentane Erdenzustand lässt definitiv kein Aufschieben der Bewusstseinserweiterung mehr zu, und das ist in den ersten Tagen der neuen Realität schon ein enormer Vorteil. Die Menschen lernen oftmals nur durch Verlust, wieder zu fühlen und sich zu spüren.

Die Gesellschaft entdeckt die Fähigkeit, mit ihren Gedanken, Absichten und der dazugehörenden Energie jeden Tag bewusst zu erschaffen. Diese neu gewonnene Freiheit ist schon nach knappen 3 Wochen ersichtlich, und diese nutzen die Auserwählten zur persönlichen Entwicklung und zur Entwicklung der gesamten Gesellschaft.

Natürlich gibt es einige, die lieber in ihren alten Gewohnheiten stecken bleiben und jammern, was bedeutet, sie wollen sich mit Veränderungen nicht abfinden. Um etwas zu verbessern, muss man es zuerst annehmen.

Loslassen und beide Hände frei haben – für Neues, ist viel schwieriger, als in einer unangenehmen Situation auszuharren und Opfer zu sein. Es sind genau diese, die leider den nächsten Test nicht überleben werden, denn bei ihnen ist die Gewohnheit des negativen Denkens, des Scherben-Schluckens ein Bedürfnis.

# 13.

Lilian durchlebt diese ersten Wochen der Übergangszeit ausschließlich alleine. Der Beginn ihres Tagesablaufes besteht darin, am Morgen mit ihrem Windhund einen Spaziergang durch den verlassenen Nationalpark zu machen und dabei nach Beeren, Pilzen und Kräutern zu suchen. Da sie leider keine Kenntnisse hat, welche essbar sind, geht sie nach dem Gefühl – denn Gefühle sind das Wahre, das Leitsystem unseres Gehirns.

Der Regen hat stark nachgelassen, der Himmel jedoch ist immer noch dunkelgrau-mahagoni gefärbt, und die Luft fühlt sich extrem feucht an. Der Boden ist völlig durchnässt und aufgeweicht. Gegen Mittag kommt sie meistens zurück zum Wohnmobil, isst etwas von ihren vorsichtig eingeteilten Vorräten sowie den Funden aus dem Wald und verbringt den Rest des Tages meistens drinnen, mit Lesen und Meditieren, im schwachen Licht einer batteriebetriebenen Campinglampe. Täglich schaut sie sich das Foto ihrer Mädchen an und ist so froh, dass sie es sich nie abgewöhnt hat, trotz der vielen Aufnahmen im Handy, ein Bild der Kinder im Portemonnaie mitzutragen – alles Elektronische ist weg und das vielleicht für immer.

Lilians Heim befindet sich mitten auf einer Waldlichtung und ist von allen Seiten mit immergrünen Douglasien und Colorado-Tannen abgeschirmt. Es ist so ruhig und friedvoll, dass sie das Gefühl hat, alleine auf der Welt zu sein. Wie immer in ihrem bisherigen Leben ist sie sich auch diesmal völlig sicher, zum jetzigen Zeitpunkt genau am richtigen Ort zu sein.

In der vierten Woche läuft sie im Morgenrauen in die Richtung, aus der, seit ihrer Ankunft, täglich warme Trommelgeräusche kommen und erreicht schon bald eine kleine Pueblo-Siedlung der Hopi. Sie nimmt Talulah an die Leine und spaziert über den schlammigen Weg an den halbrunden Lehmhäuschen vorbei. Die meisten Reservate sind nicht asphaltiert, und auch im Inneren der Steinbauten gibt es oft nur Erdboden.

Die Bewohner sitzen in der Mitte des Dorfes auf großen Steinen, und eine ältere Frau steht auf und heißt die Besucherin herzlich willkommen.

Die Natureinwohner Nord-Amerikas sehen nicht mehr so aus, wie man sie aus den Filmen kennt – nein, heute tragen die meisten westliche Kleider, viele sind durch die ungewohnte Ernährung mit Fast Food leider etwas übergewichtig, und alle sprechen perfekt Englisch. Lilian lächelt begrüßend in die Runde und fühlt sich auf Anhieb wohl und aufgehoben.

Kulturen und Traditionen haben die Therapeutin immer schon fasziniert, damals in den Walliser Bergen, später bei den Beduinen in der Wüste Ägyptens und natürlich in Indien, wo sie begeistert bei uralten Festen dabei sein durfte. Atemlos saß sie damals auf dem Boden des Tempels – am Diwali, dem Fest der Lichter, unter mindestens zweitausend Indern und vielen festlich geschmückten Elefanten.

Der Dorfälteste spricht ein Gebet in der uto-aztekischen Sprache der Hopis, und seine Frau übersetzt geduldig, damit auch alle es verstehen.

*Du hast die Erde heilig gemacht
wie auch meinen Körper,
darum will ich in Deinem Namen die Erde heilig halten,
jeden Grashalm achten und die Blumen und Bäume ehren.
Mit der Verehrung alles Lebendigen wächst meine Seele,
und mein Leib wird stark im Rhythmus Deiner Sonne
und Deines Mondes – deshalb bitten wir Dich,
lass uns die Sonne und den Mond wieder sehen.*

Lilian und die Dorfbewohner reden lange über die Geschehnisse der vergangenen Wochen, und nach einer köstlichen Maissuppe ziehen sich die Männer zum Rauchen zurück, und die Frauen sprechen über die neue Art der Ernährung.

Früher versorgten sich die Hopis selbst – durch Ackerbau. Am meisten wurde Mais angebaut, aber sie pflanzten auch Bohnen, Kürbis, Melonen und eine Reihe weiterer Gemüse und Früchte. Seit die Europäer Schafe und Rinder mitbrachten, betrieben sie auch Viehzucht. Die Männer arbeiteten auf den Feldern und bei den Herden, zusätzlich bauten sie Häuser, veranstalteten die meisten Zeremonien, stellten Mokassins her und webten Kleidungsstücke und Decken. Die Frauen waren neben der üblichen Hausarbeit für die Korbmacherei und Töpferei zuständig, sie holten Wasser, beteiligten sich an der Gartenarbeit und beim Hausbau. Die Jagd spielte eine untergeordnete Rolle.

Die älteren Frauen sind sich einig, diesen Lebensstil wieder aufzunehmen und an die Jüngeren weiterzugeben.

Tradition ist nämlich die Weitergabe des Feuers und nicht die Anbetung der Asche.

Sie laden Lilian ein, doch regelmäßig vorbeizukommen und sich ihnen anzuschließen. Interessiert erkundigen die Frauen sich nach der Schweizer Kultur, ihrer Lebensweise, und schon bald findet man heraus, was sie zur Bereicherung der Dorfgemeinschaft beitragen kann.

Das Kochen liegt Lilian gar nicht, aber sie strickt und häkelt, was man damals im Wallis noch in der Schule gelernt hatte. In Santa Fe, unterrichtete Lilian, Jahre zuvor an der De Vargas Middle School Handarbeit und Lebensschule – als Frei Fach. Sie erinnert sich noch genau, wie schwer es war, die Kinder zur Kreativität zu motivieren und ihre Aufmerksamkeit zu gewinnen. Mit interessanten Projekten, wie dem Stricken eines eigenen Schals oder selber gehäkelten

Sommertäschchen, konnte sie die Jugendlichen dann doch noch für sich gewinnen, und wenn sie über ihre vielen Reisen erzählte, hörten alle aufmerksam zu.

Schüler, in Europa wie in den USA, mussten vor der Katastrophe ein unglaubliches Arbeitspensum bewältigen; 36 Stunden Schule waren normal, dazu kamen Hausaufgaben, Prüfungen, Referate. Viele bewältigten so 50 bis 60 Arbeitsstunden pro Woche. Das eigentliche Problem war aber der Leistungsdruck, sowie das „fit in" – das Dazugehören.

ADHS (Aufmerksamkeitsdefizit-/Hyperaktivitätsstörung) wurde recht schnell von Eltern oder Pädagogen diagnostiziert, und die Kleinen wurden dann mit Ritalin (gehört zur Gruppe der Amphetamine und unterliegt dem Betäubungsmittelgesetz) gefüttert. Dieser Zustand ist in der Jugend – der wichtigen Zeit des sich SELBER Kennenlernens – ein schweres Vergehen.

Wenn die Jugendlichen beispielsweise schildern, dass sie schon unter Schlafstörungen leiden, wenn sie über massive Erschöpfung klagen oder eine gewisse Lustlosigkeit entwickeln, antriebslos sind, wenn sie keine Motivation mehr haben, irgendetwas zu unternehmen, sondern lieber zu Hause sitzen und eine gewisse Internetsucht entwickeln und versuchen, Außenkontakte nur noch über das Netz zu machen – dann spricht man von einem Jugend-Burn-out. Dazu kommen typische psychosomatische Beschwerden, das können Magen-Darm-Geschichten sein oder Verspannungen im ganzen Körper, die auch oft eine Folge von Stress sind. Jugendliche, die sich immer schlechter fühlen, Angst haben, sich selber ablehnen, versuchen häufig, über ein Suchtverhalten etwas zu unternehmen, damit sie sich wieder lebendiger fühlen, die Situation kontrollieren können oder einfach nur imstand sind abzuschalten (Alkohol, Magersucht usw.)

Heilend jedoch ist der Mut zur Selbst-Erkenntnis und somit die Wertschätzung der eigenen Person. Die Zukunft liegt in den Händen der Kinder, und deshalb darf es in der neuen Dimension nie mehr zu solchen Ausschreitungen und Überforderungen kommen.

Es gibt keine schlechten Kinder, aber es gibt schlechte Erwachsene und miserable Erfahrungen im Leben eines Kindes, die prägend sein können und somit lebensverändernd. Die Erziehung eines Kindes – bedarf der ganzen Gesellschaft.

# 14.

Der Himmel über den Four Corners bleibt den ganzen Sommer lang dunkel, wechselt jedoch tagsüber in ein Farbenspiel zwischen anthrazit, bordeaux, smaragdgrün und taubenbraun. Die Luft ist feucht, schwül, einfach unangenehm und erschwert das Anpflanzen sehr, da vieles schon nach Tagen verfault. Das schmerzliche Fehlen der Sonne belastet die Vegetation – sowie Mensch und Tier.

Allen trommelt in Durango eine Gruppe Männer zusammen, um seinen jahrelang gehegten Traum, einer weitgehenden Selbstversorgung, endlich in die Tat umzusetzen. Ihn und Johanna haben die neuen Alltagseinschränkungen absolut nicht aus der Bahn geworfen. Die beiden wollten schon lange neue Wege gehen und möglichst viele Dinge für das tägliche Leben selber herstellen. Die Transformation kommt da wie gerufen, und wie immer im Leben hat jede Situation zwei Seiten.

Die motivierten Männer arbeiten leidenschaftlich vom frühen Morgen bis spät in die Nacht an dem Aufbau einer Permakultur. Jede Fläche und jede Region in den Rocky Mountains birgt gewisse Potenziale, man muss diese Potenziale nur erkennen, geschickt zu nutzen wissen und aus den gegebenen Voraussetzungen das Beste machen.

Permakultur/Waldgarten setzt sich aus der Verknüpfung der Begriffe „permanent" und „agriculture" zusammen und bedeutet dauerhafte Landwirtschaft. Begründet hat diesen Begriff der Australier Bill Mollison, welcher 1981 auch den alternativen Nobelpreis für die „Vision der Permakultur" erhielt. Vorbild Mollisons waren natürliche und naturnahe Ökosysteme, aber auch die Art und Weise, wie indigene Völker mit ihren Ressourcen umgehen.

Die Wirtschaftsweise der Permakultur steht im krassen Gegensatz zur industriellen Landwirtschaft und ihrem Streben nach Produktions- und Profitmaximierung ohne Rücksicht auf die ökologischen Auswirkungen. In der Permakultur orientiert man sich an natürlichen Systemen und versucht über deren „Übersetzung" in eine landwirtschaftliche Kultur, ein dauerhaftes und stabiles Landnutzungssystem zu kreieren. Grundprinzip ist ein ökologisch, ökonomisch und sozial nachhaltiges Wirtschaften mit allen Ressourcen.

Permakultur ist ein Denkprinzip mit Rücksicht auf die Natur, welches Allen schon seit Jahren fasziniert und das bei den Bewohnern Colorados sofort Gefallen findet, und entsprechend viele helfen mit großer Überzeugung beim fesselnden Projekt mit.

Die erlangten Erkenntnisse werden in der Gruppe ausgetauscht, damit möglichst viele davon profitieren. Alle wissen, wie wichtig die Natur ist um existieren zu können, weiterhin Nahrung zu erhalten und mit frischem Trinkwasser versorgt zu sein.

Nahrung anzupflanzen, erhält im neuen Zeitalter die gleiche Bedeutung, wie Gelddrucken in der Vergangenheit.

Die Überlebenden genießen das Leben ohne Geld, etwas, auf das sie leicht verzichten können. Alles ist freiwillig; Dienstleistungen und Produktionen erbringt man für die Gemeinschaft. Jeder trägt seinen Teil dazu bei und weiß, wo seine Fähigkeiten am besten zum Einsatz kommen. Das neu gewonnene Verantwortungsbewusstsein erinnert jeden einzelnen daran, seinen Beitrag für die Gesellschaft zu leisten, was zwar nicht zu Tätigkeiten verpflichtet, aber für selbstverständlich gehalten wird. Und selbst wenn einzelne noch nicht ganz realisiert haben, dass eine neue Epoche angebrochen ist, nimmt die Energie der Mehrheit unbewusst Einfluss, auch auf diese. Alle bauen auf den Grundlagen der Einheit und Gleichberechtigung auf.

Die neue Welt beginnt sich zu vereinen, auf der Basis des Herzens – Voraussetzung ist Liebe; die Liebe zu sich selbst, die Liebe zu den Menschen, die Liebe zur Natur und der Mutter Erde.

Der Fokus der Bemühungen liegt einerseits auf dem Wohl der Menschheit und andererseits auf dem Wohl der Natur und aller Lebewesen. Große Leidenschaft am Tun macht sich breit – jeder erkennt sein persönliches Potenzial und setzt dies voller Tatendrang ein. Alle nehmen Teil an den Arbeiten und an der Unterstützung für die Gemeinschaft. Alles ist einfacher, und die Menschen verstehen, dass das Prinzip der Freiwilligkeit sehr viel mehr Bereitschaft hervorbringt. Mit großer Freude geht jeder ans Werk, und Innovationen sprudeln nur so hervor. Das Zusammenleben ist friedlich und wird dominiert vom Austausch, von Wissen und Erfahrungen jedes einzelnen.

Die Materialismus-Epoche, in der jeder nur seinen eigenen Vorteil suchte, ist definitiv vorbei. Das Einheitsbewusstsein sorgt dafür, dass alle zusammenarbeiten. Es bilden sich in der ganzen Gegend Interessengruppen, die auf ihrem speziellen Gebiet immer stärker zusammenwachsen und ein riesiges Potenzial an solidem Wissen anhäufen, welches künftigen Entwicklungen als Grundlage dienen wird.

Anfang September starten Margrit und Paige, zusammen mit anderen Lehrern und vielen Freiwilligen, auch mit älteren Mitgliedern der Gesellschaft, ein neues Schulsystem. Die pädagogischen Fachkräfte kümmern sich um den Lerninhalt, andere übernehmen die Betreuung und Verpflegung, und Einige vermitteln die Tugenden des Lebens. Es geht um Ernährung, spirituelle Entwicklung bis hin zum Umgang mit anderen Menschen und der Natur – ein Ganztagesprogramm für alle. Buben und Mädchen aller Altersgruppen lernen zusammen und haben spielerisch jede Menge

Möglichkeiten, sich auszutoben. Im Laufe der Zeit können die Kinder dann selbst entscheiden, was sie lernen und in welche Richtung sie sich spezialisieren möchten. Man kann sagen, dass jedes Kind seinen individuellen Lehrplan bekommt und dass es den Großteil selber bestimmen kann. Die Neigungen und besonderen Fähigkeiten jedes einzelnen werden von den Betreuern gemeinsam beobachtet und entsprechend gefördert, damit genau die Stärken des heranwachsenden jungen Menschen unterstützt werden, mit denen er zur Welt gekommen ist.

Der Lerneffekt ist viel größer, und unbezahlbare Möglichkeiten werden gegeben, um später zu einer Persönlichkeit heranzuwachsen. Die Leistungen werden nicht bewertet – Wertung ist immer Beurteilung, welches Trennung bedeutet – stattdessen konzentriert man sich auf die Erfahrung in den einzelnen Fächern, und somit kann das Sozialverhalten positiv gefördert werden, weil die Schüler einander unterstützen.

Jedes Kind bekommt eine Vielzahl von Lehrern und Betreuern, einerseits für das Fachwissen, andererseits, um Lebenserfahrung zu vermitteln, ganz nach dem Motto des afrikanischen Sprichwortes: Um ein Kind zu erziehen, braucht es ein ganzes Dorf.

Es ist Erziehungs- und Ausbildungsstätte in einem, zur Unterstützung der gegebenen Grundlage, einer guten Mutterstube.

# 15.

Lilian verbrachte die Sommermonate mit langen Spaziergängen durch die Mesa, natürlich in Begleitung ihrer treuen Talulah, und mit aufschlussreichen Besuchen im Pueblo. Während sie den Damen die Kunst des Strickens beibrachte, lehrte man die Schweizerin, wie man mit Pflanzen aus der Natur köstliche Mahlzeiten zubereiten kann. Faszinierend waren die Erklärungen über die Heilkraft von Kräutern.

Das Ernten der Kräuter an sich ist schon eine Wissenschaft. Weitgehend ist es bei den Indianern Brauch, dass jedes Kraut nur zu bestimmten Zeiten gepflückt wird. Vor der Ernte wird meist Gott und den Pflanzen in gebührender Achtung ein Dankgebet gesprochen und symbolisch ein kleines Opfer, besser, eine symbolische Spende für die Natur zurückgegeben, die ihrerseits bereitwillig gute Medizin und Nahrung liefert. Nie wird die Pflanze zerstört, immer wird Wert auf den Fortbestand der einzelnen Sorte und damit der ganzen Art gelegt.

Bei den meisten Naturvölkern ist der Mondstand sehr entscheidend für den Zeitpunkt der Ernte, wonach man sich in der momentanen Dämmerungsphase leider nicht richten kann. Das Wissen um die Heilpflanzen, die in dieser Gegend zu finden sind, und um deren Wirkungen, ist von immenser Bedeutung.

Geduldig erklärten die Frauen beim Handarbeiten Verwendungen und Heilkräfte von Beeren, Pflanzen, Kräutern und Gewürzen. Lilian versuchte, so viel wie möglich aufzuschreiben, stellte unzählige Fragen und zollte den Pueblo-Bewohnern großen Respekt für ihr unbezahlbares Wissen.

Die Ureinwohner Amerikas wussten schon lange vor uns um die gesundheitliche Wirkung der Cranberry. So hat diese Beere einen positiven Einfluss auf die Harnorgane, sie soll sogar das Altern verlangsamen. In Amerika sagt man auch, wer solche Beeren roh essen kann, hat die Jugend für immer in sich.

Schafgarbe ist gut bei Durchblutungsstörungen in den Beinen, Problemen mit der Menstruation, bei Zysten, sie entlastet das Herz und den Kreislauf. Die Schafgarbe stärkt die Nerven und das Herz – hilft Wunden zu heilen oder Blutungen zu stillen.

Brennnesseln wirken stark entwässernd auf unseren Körper und helfen auch bei Gicht.

Das typische Einsatzgebiet für Wintergreen ist die Schmerzlinderung, also etwa bei Gelenk- und Muskelschmerzen, zur Linderung von Krankheiten wie Hexenschuss, Ischias, Neuralgien, Gicht, Fibromyalgie usw. Wintergrün enthält eine Vorstufe von Aspirin.

Spitzwegerich ist überall zu finden – er gilt teilweise sogar als Unkraut. Der Spitzwegerich treibt den Harn, ist antibakteriell, reinigt das Blut, stillt Blutungen, wirkt zusammenziehend (adstringierend), hemmt Entzündungen und löst Schleim.

Die Berberitze hilft bei Erkrankungen wie einer Nebenhöhlenentzündung und einer verstopften Nase. Berberitze kann auch zum Aufbau neuer weißer Blutkörperchen nach einer Krebsbehandlung beitragen.

Wenn es um die Haut geht, ist die Kermesbeere richtig. Sie hat entzündungshemmende Eigenschaften, die gegen Ekzeme und Akne helfen können. Sie mildert Flecken und Rötungen der Haut. Die Pflanze hat eine auffällige Erscheinung, mit ihren lila-schwarzen Beeren sieht sie wundersam und wunderschön aus.

Die Traubensilberkerze wächst gerne in Wäldern oder in buschigen Gebieten. Die Heilpflanze ist schon lange als

Schmerzmittel und Mittel gegen Nervenschmerzen (Neuralgien) bekannt. Ein weiteres Einsatzgebiet sind Ohrenschmerzen und Kopfweh. Indianische Frauen verwenden das Heilkraut zu Erleichterung einer Geburt, aber auch gegen Nierenerkrankungen, Malaria, Rheuma und Halsschmerzen, ebenso bei Bronchitis, Wassersucht, Fieber, Hysterie und Klapperschlangenbissen.

Ein Holunderblütentee hat eine lange Tradition gegen Angst und Depressionen.

Lilian hörte zum ersten Mal, dass man Tee aus Tannennadeln herstellen kann, der den Atemwegen hilft. Dieser Tee sollte mit etwas Honig getrunken werden.

Die Königskerze hilft bei Angina – Reizhusten – Bronchitis – Rheuma – Migräne …

Wegen seiner blutungsstillenden Inhaltsstoffe galt das Hirtentäschel früher schon als eines der besten Heilkräuter bei Blutungen. Deshalb verwendet man die Pflanze, um starke Monatsblutungen bei Frauen wieder ins Gleichgewicht zu bringen.

Nicht zu vergessen, dass es eigentlich die Ureinwohner Amerikas waren, die die Heilkraft des Penizillins entdeckten, nachdem sie es aus verschimmelter Eichenrinde gewonnen hatten.

Ebenfalls neu für Lilian war die Tatsache, dass die Tomate sowie die Kartoffel ursprünglich aus Süd- und Mittelamerika stammten. Die früheren Indianer kannten sie natürlich und nannten die Tomaten „Tumatl", was wohl auch zum deutschen Namen führte. Die spanischen Eroberer brachten beides im 16. Jahrhundert nach Europa.

Mit Block und Bleistift ausgerüstet, machen sich Lilian und ihr Windhund, auch heute wieder, auf den Weg zur Siedlung. Der frisch gewaschene Overall ist noch feucht, was bei dieser schwülen Luft kaum zu merken ist, jedoch das klebrige Gefühl des ungewohnten Klimas im sonst so trockenen Südwesten noch unterstützt.

Diese tropische Witterung ist mit ein Grund – neben dem Süßigkeitsmangel – dafür, dass die 51-Jährige recht viel Gewicht verloren hat, was jedoch ein absoluter Vorteil ist. Sie fühlt sich wohl, leicht und beschwingt, was die hohe Luftfeuchtigkeit viel erträglicher macht.

Schon bei ihrer Ankunft im Pueblo, merkt sie, dass etwas gar nicht stimmt. Die Leute laufen aufgeregt in ihre Lehmhütten hinein, dann wieder heraus, und es wird in einem Wirrwarr durcheinander diskutiert. Eine ältere Frau wischt den Sandboden vor ihrem Haus, und Lilian ist sich der Zweckerfüllung nicht ganz im Klaren. Nebenbei wird sie darüber informiert, dass der Verdacht eines Malaria-Ausbruches in der ganzen Gegend herrsche. Auch hier im Dorfe seien letzte Nacht schon mehrere Bewohner von hohem Fieber überrascht worden.

Malaria ist eine Erkrankung, die vor allem in den Tropen und Subtropen verbreitet ist. Das typische Symptom sind Fieberschübe, die sich mit fieberfreien Intervallen abwechseln (Wechselfieber). Ausgelöst wird sie durch sogenannte Plasmodien (einzellige Parasiten), die durch den Stich der Anophelesmücke übertragen werden.

Die Parasiten benötigen zwei Wirte, in denen sie in unterschiedlicher Gestalt leben: Die Mücke dient ihnen als Hauptwirt und der Mensch als Zwischenwirt. Die krankheitserregenden Plasmodien gelangen über den Stich einer infizierten Anophelesmücke in den menschlichen Körper. Dort vermehren sie sich zunächst in der Leber, streuen dann aber aus und befallen die roten Blutkörperchen (Erythrozyten), in denen sie sich erneut vermehren. Irgendwann platzen die roten Blutkörperchen. Die neu gebildeten Erreger gelangen wieder in die Blutbahn, worauf der Körper mit Fieber reagiert.

Da der Entwicklungszyklus der Plasmodien in den Blutkörperchen meist zyklisch verläuft, treten auch die Fieberschübe in regelmäßigen Abständen auf – eine Kettenreaktion.

Wie lang der Zyklus im menschlichen Körper ist, hängt vom Erreger ab (zwischen 24 und 72 Stunden). Abhängig von der Art unterscheiden sich hier Krankheitsverlauf und Therapie. Die gefährlichste Form ist die Malaria Tropika. Malaria kann medikamentös behandelt werden und hat dann in der Regel eine günstige Heilungs-Prognose, unbehandelt kann sie jedoch tödlich verlaufen.

Lilian rennt zu ihrem Wohnmobil zurück, packt alle Essigflaschen ein und kehrt umgehend zur Siedlung zurück. Weißer Essig ist ihr stetiger Begleiter, denn er ist optimal zum Desinfizieren, Putzen, Haare waschen, Blasenreinigung und ein wertvolles Heilmittel bei Fieber.

Zurück im Dorf begibt sie sich direkt in das Steinhaus einer befallenen Familie. Sie verlangt nach einer Schüssel mit kühlem Wasser und zieht der Frau die Kleider aus, damit die Hitze vom Körper weichen kann. Danach taucht sie ein mitgebrachtes Tuch in das Gemisch von Wasser und Essig und macht der Leidenden erfrischende Wadenwickel. Sie wechselt sie ohne Unterbrechung eine Stunde lang, und die Wirkung bestätigt das alte Walliser Haus-Rezept. Wichtig ist nun, dass die Kranke viel trinkt und sich ausruht.

Den ganzen Tag verbringt Lilian mit dem Anbringen kühlender Umschläge, und die Bewohner folgen ihrem Beispiel.

Der Dorfälteste verarbeitet den getrockneten Vorrat an Traubensilberkerze zu einer Trinkkur. Die Indianer kennen die Traubensilberkerze als Teepflanze. Sie erblüht im August und im September. Die Pflanze sollte jedoch mindestens 3 Jahre alt sein, wenn man sie ernten möchte. Man gräbt sie normalerweise im späten Herbst aus, nachdem die Früchte vollends gereift sind. Verwendet werden die Wurzeln bzw. der Wurzelstock. Man kann, nachdem man die Wurzeln abgeschnitten hat, die Restpflanze wieder eingraben, sie schlägt dann neue Wurzeln und wächst weiter. Nach dem Waschen schneidet man die Wurzeln in kleine Stücke und trocknet sie an einem warmen und trockenen Platz.

Lilian übernachtet ausnahmsweise im Pueblo und führt ihre Arbeit, mithilfe der anderen, am folgenden Tag fort.

Der Heilpflanzenvorrat, der die fiebersenkende Wirkung der Umschläge mit großem Erfolg unterstützt, reichte leider nicht lange, da die Ernte, nach diesem außerordentlichen düsteren und feuchten Sommer, sehr karg ausfiel. Gegen Abend des zweiten Tages hat sich gut ein Drittel von den Malariasymptomen erholt. Der Rest leidet jedoch unter starken Schmerzen und heftigen Fieberschüben, die auch über Nacht trotz Behandlungen nicht herunterzubringen sind.

Im Morgengrauen erklärt Lilian den Einwohnern beim üblichen Treffen am Dorfplatz, dass nun die Einnahme von Antibiotika unumgänglich sei. Die meisten Reservate hatten ihre eigene Gesundheitsklinik, doch da die Mesa so nahe bei der Stadt Durango liegt, haben sich die Hopis bis dahin im 82-Betten-Spital Mercy Regional Medical Center behandeln lassen. Mit dem Auto wäre die Strecke in 40 Minuten geschafft, doch leider sind die Benzintanks schon seit Wochen leer, und ohne Strom funktionieren die Zapfstellen sowieso nicht, auch wenn es welche in der Nähe geben würde. Man entscheidet sich, die Holzkutsche der Jäger mit zwei Pferden anzuspannen und die Kranken mit dem bedenklichsten Zustand hinzufahren.

Lilian volontiert, während der Fahrt auf die Patienten aufzupassen, sie weiterhin mit Wickeln zu versorgen, und der Sohn des Dorfältesten erklärt sich bereit, die Lenkung des Gefährts zu übernehmen.

Bidziil – he is strong, ein typischerer Hopi-Name, ist einverstanden, noch kurz beim Wohnwagen zu halten, damit Lilian noch ein paar Sachen packen kann, um notfalls die Nacht in Durango zu verbringen. Eine Viertelstunde später bindet sie Talulah auf die Fahrerbank zu Bidziil und setzt sich zu den sieben Leidenden auf die handgewobene, farbige Decke und beobachtet ihren Kutscher.

Der Mann ist ein authentischer Indianer, sehr groß, fast wie ein Blackfoot, die meist im Norden der USA anzutreffen sind. Er besitzt eine stolze Körperhaltung, die typisch leicht gebogene Nase, wunderschöne braune, haarlose Arme und schulterlanges lackschwarzes Haar. Damit die Fahrt nicht zu holperig wird, entscheidet sich der junge Mann, die Straße 160 Ost zu nehmen, und mit Verkehr ist ja sowieso nicht zu rechnen.

Beim Verlassen des Parks weist Bidziil die Walliserin auf eine Steintafel hin, auf der die 10 Gebote der Indianer eingraviert sind. Lilian weiß, dass viele von ihnen katholisch sind, durch die Missionare, die sie damals bekehrten – aber dass sie trotzdem noch ihre eigenen Gebote haben, zeugt von tiefer Tradition.

1. Behandle die Erde und alles,
was auf ihr lebt, mit Respekt
– Schärfe deinen Blick –

2. Bleibe stets in enger Verbindung
mit dem Großen Geist
– Höre auf deine innere Stimme –

3. Zeige großen Respekt für deinen Nächsten
– Bringe dir selbst Respekt entgegen –

4. Arbeite gemeinsam zum Wohle
der gesamten Menschheit
– Hilf, wo deine Kräfte stark sind –

5. Hilf und sei gütig,
wo immer dies gebraucht wird
– Lieber einmal zu viel helfen –

6. Tue das, von dem du weißt,
dass es richtig ist
– Denke nach, bevor du handelst –

7. Kümmere dich darum,
dass Körper und Geist sich wohl fühlen
– Wann hast du das letzte Mal
etwas für Körper und Geist getan? –

8. Verwende einen Teil deiner Anstrengung
für das höhere Gute
– Höre auf deine Seele –

9. Sei ehrlich und wahrheitsliebend zu jeder Zeit
– Sei ehrlich zu dir selbst –

10. Übernimm die volle Verantwortung
für alle deine Taten
– Nicht immer sind nur die anderen schuld –

Beim Durchlesen wird Lilian klar, dass jeder Glaube, jede Religion, jedes Selbsthilfebuch, die vielen Seminare und Lehren, alle eigentlich das Gleiche beinhalten: Einheitsbewusstsein mit sich, den Menschen und der Umwelt. Auch wenn die verschiedenen Glaubens-Überzeugungen andere

Ausgangspunkte haben, will jede doch nur das Eine – den Respekt vor dem Göttlichen, und die Erde hat nur auf das Umsetzen der Menschen gewartet.

Doch die Ablenkung war durch den Materialismus so groß, und ein Entrinnen aus diesem Teufelskreis schien unmöglich. Die Macht des Geldes und deren Auswirkungen haben es geschafft, die Welt beinahe zu zerstören und die Menschheit sowie die Natur in ihrem Fortbestand zu gefährden.

Alles war vorhanden, alles war machbar und alles war käuflich, den Wünschen und Fantasien waren in jeder Hinsicht keine Grenzen gesetzt. Wie ein „Fix" Drogenschuss zog man sich die Angebote: Ferien, Konzerte, Shoppen usw. ein und sprang wahrnehmungslos schon wieder zum nächsten. Man wollte nichts verpassen, und dabei hat man alles verpasst.

Wie bei der Sexualität, man probierte alles, einfach alles aus, und am Ende stellte es sich doch als unbefriedigend heraus, und man suchte eine Steigerung, die oftmals ethisch nicht mehr vertretbar war.

Schlussendlich geht es nur darum, etwas zu spüren – der Mensch hat sich nicht mehr gespürt. Wann hat man angefangen, die Sexualität von der Liebe zu trennen, sie ist doch der körperliche Ausdruck und die seelische Umsetzung der Liebe?

Lilian war schon immer der Ansicht, dass der Genuss einer Scheibe Honigbrot größer sei, als Sex ohne Liebe.

# 16.

Die Straße nach Durango ist menschenleer und an einigen Stellen mit dem alten Holzgefährt schwer befahrbar. Der anhaltende Regen im Sommer hat seine Spuren in Form von Schutt und Schlamm, umgestürzten Bäumen sowie diversen Erdrutschen hinterlassen. Dennoch ist diese Art der Fortbewegung so idyllisch, ohne Hektik, und eine neue Erfahrung der Wahrnehmung. Durch die verringerte Geschwindigkeit kann man die malerische Landschaft viel bewusster erleben, als damals in den Autos. Im offenen Wagen hat man die Möglichkeit das grüne Gras sowie die uralten Stämme der Bäume riechen, und die warme Luft streichelt weich über die Haut, während der angenehme Fahrtwind das Haar berührt.

Schon bald passieren sie das Dörfchen Mancos, dann Hesperus – beide scheinen verlassen zu sein und während die Patienten nach und nach in einen tiefen Erschöpfungsschlaf fallen, nimmt die Therapeutin ihr Handbuch – seelische und geistige Ursachen für körperliche Leiden – aus der Reisetasche.

Als mentale Gründe zu Malaria werden angegeben: „Das Gleichgewicht mit der Natur und dem Leben ist gestört", und deshalb trifft es die, welche an der Vereinigung von Mensch und Natur, also dem neuen Lebensumstand zweifeln, am meisten. Es sind diejenigen, die sich nicht in Sicherheit fühlen und denen das Urvertrauen fehlt.

Urvertrauen ermöglicht eine angstarme Auseinandersetzung mit dem Leben und der Umwelt – „Es lohnt sich zu leben – Natur und Mensch sind in Harmonie – ich bin in Sicherheit" ist nun die Einstellung, die zur Heilung führt.

Nach weiteren zwei Stunden „Kutschfahrt" im holprigen Planwagen erreichen sie die Westernstadt Durango. Die Mainstreet ist recht belebt, verglichen mit dem regnerischen, unheimlichen Tag, als Lilian das letzte Mal, vor Monaten, mit ihrem Camper hier durchfuhr. Bidziil hält kurz beim Saloon, um seine Wasserflaschen aufzufüllen. Lilian bleibt bei den Schlafenden, deren Zustand sich auf der Fahrt nur wenig verändert hat und beobachtet das rege Treiben. Die meisten sind zu Fuß oder mit dem Pferd unterwegs, und alle begrüßen die Neuankömmlinge freundlich. Annie, die Besitzerin vom Saloon, begleitet Bidziil auch gleich zurück zum Wagen. Lilian informiert die sympathische ältere Dame über den Malariaausbruch in der Mesa, und diese reagiert gefasst, da die Infektionskrankheit die ganze Gegend rund um die Rocky Mountains befallen hat. Rasch erklärt sie den beiden, welche Maßnahmen Durango getroffen hat, um die Ausbreitung einzudämmen und verweist auf die örtliche Klinik, welche zurzeit noch über genügend Antibiotikum verfügt.

Lilian bedankt sich herzlich für die Zuvorkommenheit und beim Verabschieden erkundigt sich die zierliche Dame scheu nach ihrem Akzent. Als sie erfährt, dass Lilian aus der Schweiz kommt, erstrahlen ihre Augen, und sie schwärmt von ihrer Mitbewohnerin, die ebenfalls ursprünglich aus Schweden, aus der Schweiz oder so ähnlich kommt und als Krankenschwester im Medical Center tätig ist. Lilian umarmt die hilfsbereite Lady und setzt sich wieder zu den nun langsam aufwachenden Patienten, versorgt sie mit frischem Wasser, und Bidziil nimmt die letzten paar Meilen in Angriff.

Knappe 20 Minuten später lenkt der geübte Kutscher die Pferde Richtung Auffahrt des Spitals und bringt das Gespann direkt beim Notfall-Eingang geschickt zum Stehen. Zwei Damen stehen schon bereit, um die Hilfesuchenden in

Empfang zu nehmen. Ohne das Unterschreiben von Papieren, Kontrollieren der Versicherungsnachweise und Ausfüllen mehrerer Fragebögen werden die Patienten direkt in die Notfallstation geschoben. Lilian staunt über den fantastischen Ablauf der Handlungen; der Mensch und seine Bedürfnisse stehen im Vordergrund und nicht die Bürokratie. Das kurze Warten ist angenehm, die Menschen sind zuvorkommend, verständnisvoll, und man wird nicht nach der Krankenkassenzugehörigkeit bewertet. Ohne Geld wird die Konzentration auf den Empfindungsreichtum für das Wesentliche gelenkt, und die Situation wird dabei nicht von wirtschaftlichen Überlegungen gesteuert.

Ein Arzt informiert Lilian und Bidziil, dass es empfehlenswert sei, die Befallenen über Nacht dazubehalten und die Wirkung des Antibiotikums abzuwarten. Patienten mit unkomplizierter Malaria Tropica können in der Regel oral mit Artemether/Lumefantrin, Atovaquon/Proguanil oder Mefloquin behandelt werden. Die Therapiedauer beträgt je nach Medikament zwischen 12 Stunden und 3 Tagen.

Anschließend bittet er die beiden, sich doch noch eine Weile zu gedulden, damit die Schwester der Notfallabteilung noch weitere Medizin für die anderen im Pueblo bereitstellen kann. Auch eine präventive Einnahme für Nichtbefallene ist in diesem fortgeschrittenen Stadium der Epidemie empfehlenswert. Lilian nutzt diese Wartezeit, um endlich eine Toilette aufzusuchen, ist ihr Hinterteil vom harten Holzwagen doch recht in Mitleidenschaft gezogen worden, und sie gedenkt, den Rest des heutigen Tages im Stehen zu verbringen.

Zurück auf der Notfallstation nähert sie sich vorsichtig ihrem Reisegefährten, der sich gerade hoch konzentriert von der Schwester die Einnahme und Wirkung des Medikamentes Primaquine erklären lässt. Die fachkundige junge Frau macht deutlich, dass die Pillen unbedingt 7 Tage lang eingenommen werden müssen, um eine Ansteckung erfolgreich zu verhindern. Die einzig bekannten Nebenwirkungen seien Bauchschmerzen und auch das nur in den seltensten Fällen.

Der Indianer bedankt sich bei ihr mit einem festen Händedruck, und die Nurse dreht sich danach so rasch um, dass sie fast über Lilians Stiefel gestolpert wäre.

Aus Gewohnheit entschuldigt sich die Schweizerin in Walliser Deutsch, weil sie sich den beiden so leise genähert hatte. Abrupt stoppt die Krankenschwester, wirft ihr hüftlanges, braunes Haar zurück und stürzt sich mit einem Aufschrei auf Lilian.

Es dauert einige Sekunden, bis diese das Unfassbare realisiert und erkennt, dass sie ihre ersehnte Tochter Johanna im Arm hält. Die beiden Frauen lachen und weinen zur gleichen Zeit und reden einfach drauflos, ohne das Gehörte aufzunehmen.

Bidziil, der der Situation nicht ganz folgen kann, wartet geduldig und beobachtet den begeisterten Austausch – ohne auch nur ein Wort zu verstehen.

Johanna informiert den Oberarzt über das unglaubliche Wiedersehen mit ihrer Mutter, erkundigt sich noch gewissenhaft, ob die Abendschicht mit genügen Fachkräften abgedeckt ist, und gemeinsam verlassen alle Drei das Spital.

Normalerweise legt die sportliche Krankenschwester den Weg in die Stadt in ihren Birkenstock-Sandalen zurück und deckt so ihr tägliches Bewegungsbedürfnis in der freien Natur ab. Mit großer Freude lernt sie endlich die Spanische Galga, auch Herzensdiebin genannt, kennen und macht es sich heute ausnahmsweise auf dem Holzgefährt neben der Mutter gemütlich.

Hände haltend sprechen die beiden Frauen über das Erlebte, die neu hereingebrochene Epoche, die fantastische

Bewusstseinsausweitung der Mitmenschen und die alltäglichen, spannenden Anpassungen. Alle Regeln entsprechen nun den Naturgesetzen, und alles ist zurückzuführen auf die Einheit aller mit allem. Die Evolution ist im Begriff, einen Quantensprung zu machen, und der Mensch steht im Zentrum aller Interessen.

Leider haben beide nichts mehr von Margrit gehört, seit diese mit Paige Kalifornien verlassen hat. Auch zu den Ereignissen in Europa und dem Rest der Welt hat man zu diesem Zeitpunkt absolut keine Informationen. Man lebt gegenwärtig und bewusst genau da, wo man sich gerade befindet; im Moment des Geschehens und im Augenblick der Möglichkeiten. Das Vergangene ist unwiderruflich, und die Zukunft wird vom Menschen gerade neu geschrieben.

Eines ist nun jedem klar geworden: All unsere Aktionen erzeugen immer Reaktionen. Die Menschen erlebten lediglich die Auswirkungen ihrer unharmonischen Gedanken und Handlungen, genannt Karma – darin sind sich Lilian und Johanna einig. Alles kommt zurück, es ist nur eine Frage der Zeit, bis wir die Resultate der von uns gesetzten Handlungen zu spüren bekommen.

Durch das Anerkennen, dass wir selbst die Ursache für alles sind, können wir das Ereignis besser annehmen, kämpfen nicht länger dagegen an und ermöglichen uns somit, aus dem Prinzip auszusteigen. Um Karma zu lösen, muss man das Doppelte geben und leisten, um eine negative Tat auszugleichen und dadurch eine neutrale Seelenbilanz zu erhalten. In Zukunft wird sich die Auseinandersetzung mit Karmischen Verhaltensmustern erübrigen, da niemand jemals wieder Interesse hat, sich negativ zu belasten.

In Durango angekommen, erkundigt sich Johanna im Saloon, ob noch Übernachtungsmöglichkeiten vorhanden sind. Selbstverständlich darf jeder hier schlafen, solange es

Platz gibt, und als die Hausherrin Annie erfährt, dass Johanna ihre Mutter gefunden hat, bereitet diese extrem gerührt ein heimeliges Zimmer mit eigenem Bad vor. Bidziil entscheidet sich ebenfalls, im Haus zu bleiben und verspricht, alle mit einem schmackhaften Abendessen zu verwöhnen. Kurz darauf erscheint Allen und kommt aus dem Staunen nicht mehr heraus, als plötzlich seine künftige Schwiegermutter im Saloon vor ihm steht. Nach einer langen, herzlichen Umarmung setzen sich alle in der Lounge auf die antiken, roten Stoffsessel und versinken in tiefe Gespräche. Lilian ist überrascht, als sich immer mehr Einheimische ganz ungezwungen zu ihnen gesellen und viele davon sogar zum Essen bleiben.

Der Saloon ist ein bedeutender Treffpunkt der ganzen Gegend geworden, wo man sich austauschen und informieren kann. Einige haben Nahrungsmittel mitgebracht, andere gehen Bidziil in der Küche zur Hand, und ein paar Damen decken den langen Tisch. Man kann gar nicht unterscheiden, wer Gast ist und wer hier wohnt. Das Hotel ist nicht mehr ein Ort des Konsums, sondern ein Haus, wo man sich mitteilen kann und Diskussionen führt. Lilian staunt, wie wunderschön und so normal sich dieser Abend anfühlt. Allen berichtet vom erfolgreichen Anbau im Wald, denn trotz des fehlenden Sonnenlichtes sieht man schon die ersten Resultate von dem respektvollen Beleben der Natur. Er erzählt vom Tagesablauf der Männer, und erklärt, dass diese Katastrophe unvermeidbar war, für ein Erwachen der Menschen und die Befreiung der Erde. Die neue Welt musste durch dieses Chaos erst erschaffen werden – alles geht durch Chaos, denn das Chaos ist die Reinigung des Alten, das nicht mehr weiter existieren kann.

Viele Farmer sind jetzt schon überzeugt, dass es sich gelohnt hat, über Nacht mit den neuen Strukturen konfrontiert worden zu sein. Die Menschheit war am Ende eines Zyklus.

Ohne Technologie fühlt man sich in Raum und Zeit total zurückversetzt, und die Vergangenheit wird plötzlich zur Zukunft, mit der fantastischen Chance, alles mitzugestalten, Grenzen zu eliminieren und in der Wirklichkeit zu leben. Die Zeiten der Lügen und Intrigen sind vorbei, und alles ist möglich; eine Herausforderung ganz besonderer Art.

Die neue Welt strotzt vor Überraschungen, was sich beim Abendessen in den glänzen Augen der erzählenden Anwesenden widerspiegelt. Alles unterliegt den klar definierten, natürlichen Gesetzen des Universums.

Der Abend ist in jeder Hinsicht für Lilian einzigartig; wieder am Tisch mit der Tochter sitzen zu dürfen, fremde Menschen um sich zu haben, die ihr die unbeschreibliche Wärme einer Familie vermitteln und an einem Ort sein zu dürfen, der sich wie ein Heim anfüllt. Die nicht zu überbietende Einfachheit des Zusammenseins, mit dem überwältigenden Einheitsbewusstsein aller und die Liebe und Wertschätzung, welche den Raum erfüllen, bezeichnet Lilian tief in ihrem Herzen als göttlichen Plan.

# 17.

Die Woche in Durango ist herrlich. Tagsüber, wenn Johanna im Spital arbeitet und die Männer im Wald ihr Bestes geben, hilft Lilian im Hotel. Es gibt immer etwas zu putzen, umzustellen und Vorbereitungen für den Abend zu treffen. Das Haus ist stets belebt, tagsüber mit Besuchern der Stadt und am Abend mit Bewohnern aus den umliegenden Gegenden. Wenn etwas überholungsbedürftig ist oder nicht mehr funktioniert, fragt man im Saloon, und schon wird einem geholfen. Jeder macht, was er kann und gibt, was er hat. Die Motivation der Menschen, etwas zu bewegen zum Wohle der Gesellschaft, wird zur Leidenschaft.

Man hat nicht gelebt – bevor man etwas für Jemanden tut, was er uns nie zurückzahlen kann.

Wie im Saloon leben die Leute auch im Rest der Stadt und auf den umliegenden Ranchen in Gruppen. Auch die Minenstädte rund um Durango sind wieder bewohnt. Mehrere Generationen leben unter einem Dach, was vieles erleichtert. So ist jeder völlig ungezwungen mit den Menschen zusammen, die er gerne um sich hat. Alle haben dabei ihren eigenen Privatbereich, der großzügig gestaltet ist und alles beinhaltet, was sich der Einzelne wünscht. Viele leben in und mit der Natur. Mensch sein heißt, auch immer anders werden zu können.

Lilian liebt die spannenden Erzählungen der Besucher und die Begeisterung, die sie ausstrahlen, wenn sie über ihre kreativen, zweckmäßigen Arbeiten berichten. Gestern haben Männer, die im Wald eine Baumhütte bauen, sie über die vielen Vorteile einer solchen Wohngelegenheit aufgeklärt.

Als Standort des Baumhauses dient eine große, ungefähr siebzigjährige Eiche. Das Haus wird Platz für 30 Personen bieten, mit einer Plattform-Größe von brutto 117 Quadratmetern.

Von einem gemütlichen Nest ganz oben im Baum, inmitten raschelnden Blattwerks, haben alle schon mal geträumt, und vor künftigen Überschwemmungen sowie extremen Regengüssen wäre man auch besser geschützt. Hier kann man die Welt in Ruhe von oben betrachten, ohne selbst entdeckt zu werden. Ein Baum hat grundsätzlich ideale Voraussetzungen, um darauf zu leben. Die natürliche Klimaanlage schützt im Sommer vor starker Hitze, und im Winter ist es unter den Bäumen oft schneefrei. Im Weiteren ist mit der Verwirklichung eines Baumhauses keine Versiegelung des Bodens nötig. Um das sechseckige Haus wird ein Balkon gebaut, und dieser befindet sich beinahe fünf Meter über dem Boden. Große Fenster lassen natürliches Licht in die praktisch eingerichteten Räumlichkeiten eindringen. Die Eiche kann trotzdem weiter wachsen, da keine Verbindungsmittel in den Baum montiert werden. Der Eichenstamm wird für die Aussteifung des Bauwerkes benötigt. Für die Terrasse werden zusätzlich zwei „Hochstämme" zur Abstützung einbezogen. Man erreicht das Traumhaus über einen 20 Meter langen Fußweg und gelangt über eine drei Meter hohe Leiter zur Veranda.

Die Tage verstreichen im Fluge, und da es schon Spätherbst ist, macht Johanna ihrer Mutter den Vorschlag, die Winterzeit doch in Durango zu verbringen und ihre Therapiearbeit wieder aufzunehmen. Der Saloon wäre dafür ein idealer Standort, und man weiß zu diesem Zeitpunkt noch nicht, mit welchen Krankheiten man in Zukunft konfrontiert wird und wie man sich präventiv davor schützen kann. Auch das Auslaufen von Medikamenten ist absehbar, und somit kann

Lilian die Lehre der Selbstverwirklichung zur Aktivierung eigener Selbstheilungskräfte weitergeben. Wenn man sich liebt, sein Leben und was man tut, hat man einen Lebenssinn, und das ist die stärkste Stimulation für das Immunsystem.

Mehr als die Hälfte aller Malariainfizierten starben – es waren die Ungläubigen und Zweifler, diejenigen, die sich schwer taten mit dem Anpassen und die noch an der alten Welt festhalten wollten. Sie waren einfach noch nicht bereit für die Transformation, denn der Körper ist der Übersetzer der Seele ins Sichtbare.

Lilian packt ihre Reisetasche und verabschiedet sich herzlich von allen, mit dem Versprechen, in einer Woche wieder zurückzukehren. Bidziil sitzt schon auf der Holzbank des Planwagens, die Zügel fest in den Händen und begrüßt die Schweizerin mit ihrem Windhund freundlich. Beim Anblick des treuen Hundes wiederholt er die Worte des Heiligen Franz von Assisi:

> *Der Hund ist mir im Sturme treu,
> der Mensch nicht mal im Winde!*

Die Vier, welche die Malaria-Erkrankung überlebt haben, liegen in Decken gehüllt auf dem harten Holzboden des Gefährts und lachen übers ganze Gesicht, als sie Lilian erkennen. Diese setzt sich zu ihnen, schenkt allen eine innige Umarmung, und zusammen machen sie sich auf den Weg zurück in die Mesa Verde. Die Fahrt ist diesmal natürlich viel kurzweiliger, da die Mitfahrenden nun gut gelaunt, schmerzfrei und somit sehr gesprächig sind. Ihr Einheitsbewusstsein hat sich so verstärkt, dass man den Geheilten förmlich ansieht, wie sich die Fenster der Welt vor ihren Augen öffnen.

Nach einer Stunde wird es dann etwas ruhiger, und Lilian betrachtet aufmerksam die Gegend, an der sie vorbeifahren. Alles ist so saftig grün, moosig weich, und es riecht nach frischem Gras. Wenn jetzt noch die Sonne wieder zum Vorschein käme und der Himmel sich zeigen würde, wäre der Anblick vergleichbar mit einem Märchenland.

Ein blauer Himmel ist ja so wichtig, denn er wirkt psychisch auf die Menschen und beeinflusst die innere Uhr durch das Molekül Krytochrom. Dieses befindet sich im Auge, auf der Haut und im Gehirn. Serotonin-Mangel, also ein Blau-Mangel, ist sehr schlecht für die Chronobiologie und den Hormonhaushalt, da es ein Glückshormon ist. Ein klarer blauer Himmel macht glücklich, belebt und ist somit gesund.

Gegen Abend hält die Kutsche vor dem Wohnwagen in der Waldlichtung, und Lilian wundert sich, wie Bidziil bei der Dunkelheit den Weg gefunden hat. Der junge Native American hat in den letzten Tagen viele Freundschaften geschlossen und verspricht Lilian, sie in einer Woche wieder nach Durango zu fahren. Er will von nun an regelmäßig die Stadt besuchen, um Waren und Informationen auszutauschen und soziale Kontakte zu pflegen. Die gemeinsamen Abende und die Diskussionen in der Gemeinschaft findet Bidziil sinnvoll und bereichernd. Lilian bedankt sich bei ihm, mit einer festen Umarmung, für seine Zuverlässigkeit und angenehme Gesellschaft. Zudem erwähnt sie, dass sie selbstverständlich vor der Abreise noch im Pueblo vorbeischaut.

Müde aber glücklich winkt sie den Davonfahrenden nach und begibt sich in ihren Camper. Beim Einschlafen denkt sie nochmal über das Erlebte nach, und es kommt ihr vor, als wäre sie Wochen weg gewesen. Diese neue Energie der Zusammengehörigkeit und der respektvolle Umgang untereinander und mit der Natur, da sie über allem steht, sind faszinierend. Unfassbar, wie aus dem raschen, schrecklichen Ende der alten Welt, in der wir uns selber nicht mal „artgerecht" gehalten haben – von der Umwelt und den Lebewesen ganz zu schweigen –, diese neue Einheitsepoche entstehen konnte.

Lilian nimmt sich fest vor, so intensiv und bewusst zu leben, als ob es kein Morgen mehr gäbe und gleichzeitig so sorgsam und achtsam, als ob sie ewig leben würde.

# 18.

Schon früh am nächsten Morgen wäscht Lilian ihre Kleider in der Wohnmobildusche und hängt sie zwischen den Bäumen zum Trocknen auf. Sie fühlt eine tiefe Dankbarkeit in sich, für alles, und zwar genau so, wie es ist, denn so ist es genau richtig. Wieder macht sie mit Talulah lange Spaziergänge im Wald, sortiert, packt und bereitet den Camper für die Überwinterung vor. Nach den momentanen Temperaturen zu urteilen, sieht es allerdings eher nach Frühling aus, obwohl es bereits November ist.

Bepackt mit den restlichen Vorräten besucht sie etwas wehmütig das Dorf, in dem sie diesen Sommer eine so wundervolle, harmonische und in jeder Hinsicht bereichernde Zeit erleben durfte. Nach einem schmackhaften Mal mit Wild-Reis, schwarzen Bohnen und Geis-Käse verabschiedet sich die Schweizerin von jedem Einzelnen mit ein paar persönlichen Worten und bedankt sich von Herzen für das entgegengebrachte Vertrauen.

Die restlichen Tage verbringt sie im Wald mit Meditieren und dem Genießen der Stille, etwas, das sie in Durango bestimmt vermissen wird. Die Stadt hat natürlich andere Vorteile, der Austausch im Saloon, Johanna, Allen, und der Gedanke an einen Therapie-Raum erfüllt Lilian mit unendlicher Begeisterung und weckt ihre Leidenschaft.

Pünktlich wie abgemacht steht Bidziil am frühen Morgen mit seinem Planwagen, immer noch ohne Plane, vor dem RV-Heim. Während Lilian nochmals überprüft, ob alles abgedreht und ausgeschalten ist, verstaut der zuverlässige junge Mann den Koffer und eine Reisetasche sowie Talulah auf dem Holzanhänger. Lilian lässt die Türe unverschlossen, sodass Menschen, die während der Wintermonate Schutz suchen, vom Wohnmobil profitieren können. Diesmal nimmt die Schweizerin auf der Holzbank neben dem Fahrer Platz und wirft einen letzten dankbaren Blick auf die vertraute Waldlichtung, deren Energie sie für immer in ihrem Herzen tragen wird.

Fachmännisch steuert Bidziil das Gefährt durch den dichten Wald der Mesa. Als angenehme Folge der feuchten Temperaturen der vergangenen Monate sind der Boden, die Steine und die Baumstämme mit einem Teppich aus weichem Moos bekleidet worden. Das Ganze hat eine wunderschöne mystische Ausstrahlung, und das saftige Grün wirkt bewusst heilend.

Plötzlich zieht Bidziil abrupt an den Lederriemen der Pferde und bringt das Gespann ohne Worte zum Stillstand. Mit steinernem Blick betrachtet er den weißen Schein, der durch die Bäume dringt und die ganze Gegend erleuchten lässt.

Es ist, als ob jemand den Lichtschalter angemacht hätte und die Natur zum Aufwachen überreden würde. Mit offenem Mund bestaunen die beiden auf ihrem Kutschensitz das atemberaubende Naturschauspiel und können es kaum fassen, nach so langer Zeit der Dämmerung endlich wieder die Sonne zu sehen. Schwach und vorsichtig durchflutet das ersehnte Licht den ganzen Wald und umhüllt die Reisenden mit einer wohligen Wärme. Lilian fängt an zu weinen und wird gleich von Bidziil in den Arm genommen, der seine Rührung nur schwer verbergen kann.

Nach einer gefühlten Ewigkeit bewegt sich der Wagen weiter durch den glitzernden Märchenwald in Richtung Hauptstraße. Die drei Stunden bis nach Durango werden im Schweigen gefahren, und nur das beruhigende Traben der Pferde ist zu hören. Noch nie hatte Lilian die Sonne und ihre belebende, überwältigende Kraft so intensiv wahrgenommen.

Die Sonne ist das zentrale Gestirn am Himmel. Von ihr hängt alles Leben auf der Erde ab. Die tägliche Wiederkehr der Sonne ist magisch. Sie ist die natürliche Uhr der Menschen. Die Abfolge der Jahreszeiten führte zur Entwicklung des Kalenders. Überlebenswichtig für Natur, Tier und Mensch, in jeder Zeitepoche. Die Sonne ist Symbol für den Takt des Lebens, für Fortschritt und Entwicklung.

In Durango stehen die Leute auf der Straße, tanzen und singen Gospellieder. Es ist unglaublich, wie die Menschen und die Natur so einig sein können, mit so viel Respekt und inniger Dankbarkeit. Beim Anblick dieser Szene hat Lilian das Gefühl, das alles, wirklich alles möglich ist, denn diese Gemeinschaft hat klar und deutlich erkannt, wer sie ist und weiß, warum sie hier ist, und sie will alles dazu beitragen, dass sich diese Erde grundlegend ändert. Die Welt hat sich in kürzester Zeit so vollständig verändert und trotzdem kommt es allen so vor, als ob es nie anders gewesen wäre. Jetzt gilt es zu entdecken, was denn alles an Möglichkeiten hinzugekommen sind.

Nachdem Lilian ihre Sachen in einem Zimmer des Hotels verstaut hat, gesellt sie sich wieder zu den anderen auf der Straße und entdeckt in der glücklichen Menge auch Johanna und Allen. Liebevoll umarmen sie sich, und gemeinsam verbringen sie den Nachmittag mit einem Bad in der Menge und genießen die wärmenden Strahlen der Sonne. Am Abend spielen alle, die ein Instrument besitzen, Country Music, und der Rest tanzt dazu Line Dance in der Mainstreet. Das Gefühl der Zusammengehörigkeit, der Einheit und des Verständnisses gegenüber allen und allem ist unvergleichlich.

Die kommenden Tage, es ist die Zeit um Thanksgiving – das Erntedankfest, das Fest der Pilgerväter, die dank der Indianer und deren Lebensmittelgaben den Winter überleben konnten –, werden in diesem Jahr der Bedeutung der langjährigen Tradition voll gerecht. Es wird am Gasherd gekocht, was vorhanden ist, gebastelt, dekoriert, und die Träume werden zu Gedanken, die Gedanken werden zu Handlungen, und die Handlungen schaffen die neue Realität. Es sind Wochen der Wärme, der Kreativität, der Unterstützung und des Austausches von Ideen, Waren und Gefälligkeiten.

Anfang Dezember richtet Lilian ihren Therapie-Raum ein. Im Museum hat sie sich Tage zuvor eine alte, smaragdgrüne Samt-Couch ausgeliehen, das ist das neue Wort für kaufen, und einen dazu passenden, bequemen Sessel. Das Zimmer ist gemütlich, ruhig, sauber und mit ganz wenigen aber bedeutungsvollen Dingen eingerichtet. Sie macht es sich zur Hauptaufgabe, belastende Ereignisse mit den Menschen zu verarbeiten, damit die geistige Gesundheit erhalten bleibt. Auch möchte sie die Lehre der Lebensspirale vermitteln, die männlichen wie auch weiblichen Seiten jeder Person zum Ausgleich bringen und durch Selbstverwirklichung das Immunsystem stärken, mit dem Ziel, Krankheiten vorzubeugen und dauerhaftes Glück zu finden. Jeder soll sein bestes Leben leben.

Zu jedem Einzelnen von uns gehören unbewusste Energien/Programmierungen, wie Familie, Kultur, Schule und Umfeld aus der alten Welt. Diese müssen erkannt, analysiert und losgelassen werden, falls sie uns nicht mehr von Nutzen sind oder uns sogar hindern beim Vorankommen. Als Therapeut erkundet man: Wo steht die Person … was ist der Sinn dabei … wo geht der Weg weiter …?

Die Menschen durchlaufen immer eine Lebensspirale, eine sogenannte Lebensschule, die aus verschiedenen Abschnitten besteht:

- Grundbedürfnisse, Essen, Schlafen,
- Magisches Denken, Träumen,
- Ego, Macht, Chaos,

- Ordnung, Sinn, Gewohnheiten,
- Fakten, Benefiz-Denken, Egoismus,
- Gefühle, Spiritualität.

Jede Stufe ist wichtig, und keine darf übersprungen werden, denn jede Erfahrung und jedes Gefühl muss gelebt sein, um es besitzen zu können. Man muss das Erlernte mitnehmen und regelmäßig nach unten schauen, ob man alle Hausaufgaben gemacht hat. Wenn man festhängt in einer Stufe, muss man sich fragen, was genau ist da noch attraktiv für mich, und dann weitergehen. Nach dem Durchlauf der gesamten Spirale erreicht man den Quantensprung, der meistens mit einer Krise verbunden ist. Nur so ist menschliche Bewusstseinserweiterung möglich. Die Umweltkatastrophe, wie in diesem Fall, ist jedoch keine Garantie, dass jeder alle Klassen besucht und abgeschlossen hat.

Nach einem erfolgreichen Bestehen der 6 Stufen erreicht man:

Das Erwachen – wenn man den Wert von allen Phasen erkennt und alle 6 richtig einsetzen kann. Man kombiniert, ist flexibel, diplomatisch, anpassungsfähig und angstfrei. Man findet sich im Leben zurecht, ohne immer alles verstehen zu müssen.

Das nächste Stadium ist das tiefste Bedürfnis jedes Menschen und steht über allem:

Das Einheitsdenken – das Wohl zum Ganzen, eine behütete Energie, kein Urteilen, kein Richten, tiefe Empathie und wahres Einheitsbewusstsein.

Wenn Krankheiten auftreten, wird Lilian die Gefühle sowie die psychosozialen Begleitumstände, die zum Krankheitsgeschehen gehören, erforschen und mit dem Patienten an der Heilung der seelischen Ursachen arbeiten, damit der Körper seinen Übermittlungseinsatz abschließen kann und somit offen wird für die Genesung.

# 19.

Das Rad muss nicht mehr erfunden werden, wir sind auch nicht zurück in die Kreidezeit zu den Dinosauriern versetzt worden, und doch gibt es viele Herausforderungen, mit welchen die Überlebenden täglich konfrontiert werden. Wie Konfuzius schon sagte: Menschen, die einen Berg bewegen, beginnen damit, kleine Steine wegzutragen.

Laufend wird optimiert und verschönert. Jeder verfolgt seinen Weg – einen Weg in der Allgemeinheit.

Auch Lilian blüht auf in ihrer Arbeit, die unter den neuen Lebensumständen so viel leichter zu vermitteln und anzuwenden ist, da die Bereitschaft zur Verbesserung bei allen gegeben ist. Jeder weiß um die Verantwortung seiner eigenen Energie, Handlung und Worte, verbunden mit der einfühlsamen Überlegung, wie es bei dem Gegenüber ankommt. Ohne Technik übernehmen die Menschen wieder selber das Denken – fertig mit Autopilot – und erarbeiten grundlegende, ausgeglichene Lösungen für Ethik, Idealismus und Erfolg.

Die besinnliche Zeit der Weihnacht rückt immer näher, und die Menschen erscheinen in Scharen aus den angrenzenden Gebieten, um Ware, Dienstleistungen und unterhaltsame Gespräche auszutauschen. Die milden Temperaturen, das Thermometer fällt selten unter 10° Celsius, verstärken die Lust am Reisen, und ein Szenenwechsel ist immer willkommen. Die Mainstreet ist voll von Ständen, an denen die Menschen stolz ihre Handarbeiten, Erfindungen und Kenntnisse darbieten.

Auch Johanna hat sich einen Tisch mit wichtigen Informationen zu einer ausgewogenen, gesunden Ernährung aufgebaut. Es ist ein Thema, welches sie schon immer beschäftigte, und gerade die Essgewohnheiten der Amerikaner ließen sie oft fast verzweifeln.

Nun ist der Zeitpunkt da für eine komplette Umstellung. Da die Tiere nicht mehr gehalten werden, um der Ernährung des Menschen zu dienen, müssen bedeutend weniger Ackerflächen bepflanzt werden, als ursprünglich zur Erzeugung von Futtermitteln für die Viehzucht. Der Großteil kann den Wäldern zurückgegeben werden, und dadurch entsteht über die Zeit ein gesunder und vor vielfältigstem Leben strotzender Wald. Die grünen Lungen der Erde kehren zurück.

Seit Beginn der Menschheit dienen die Pflanzen als Nahrungsmittel, und durch die Vielfalt wird der Mensch auch reichlich mit allen notwendigen Nährstoffen versorgt. Biologisch angebaute Pflanzen aus gesundem Boden beinhalten alle wichtigen Stoffe im Überfluss. Durch den Wegfall des Winters kann nun das ganze Jahr über, mit Rücksichtnahme auf den natürlichen Rhythmus, gepflanzt und geerntet werden. Die Menschen experimentieren fleißig und bauen alle möglichen Köstlichkeiten an.

Johanna vermittelt den Marktbesuchern begeistert, dass essen ein Genuss sein kann und nicht nur lebensnotwendig. Sie beschreibt das Genießen des Geschmackes von frischem Gemüse und saftigen Früchten und die Freude über liebevoll zubereitete Speisen aus der Natur.

Eine Gruppe Jugendlicher mit technischem Flair und handwerklichem Geschick hat die alte Mühle wieder zum Laufen gebracht, welche ein halbes Jahrhundert als Touristenattraktion gedient hatte. Sie erlernen Technologien für die Getreideverarbeitung sowie Verfahren der Qualitäts- und Hygieneprüfung zur Gewährleistung der Produktsicherheit. Aus den Getreidearten Weich- und Hartweizen, Roggen und Dinkel werden Standardmahlerzeugnisse und weitere Getreideprodukte hergestellt. Bei der ersten Vermahlung entsteht Schrot, der unterschiedlich grob oder fein sein kann. Vollkornschrot und -mehl enthalten alle Teile des gereinigten Korns und werden in zahlreichen Brotsorten verbacken. Schrot und Grieß sind weniger fein vermahlene Teile des Mehlkörpers. Sie werden für Suppeneinlagen, Pudding und süße Gebäcke verwendet. Aus Hartweizengrieß werden Teigwaren gemacht. Das Mehl aus dem Inneren des Korns ist die feinste Vermahlungsform und – je nach Mineralstoffgehalt – unterschiedlich hell. Somit werden viele wunderbare Dinge wieder erhältlich.

Außerhalb Durango beschäftigen sich gleich vier Farmen mit der Herstellung von Käse, Butter, Joghurt usw. – aus Kuh-, Schafs- und Geis-Milch.

Milch steht für die Wärme und Fürsorge der Mutter, und ein bisschen bleibt das so erhalten, unser ganzes Leben lang. Sie vertreibt die bittere Schwärze des Kaffees und tröstet uns, in erwärmter Form, vermischt mit etwas Honig. Wer Ziegenmilch mag, wie Johanna, der tut dem Magen und dem Darm etwas Gutes. Die Milch der Meckertiere enthält dazu noch viele wertvolle Vitamine und ist als Anfangsmilch für Babys bestens geeignet.

Schafsmilch ist kalorienreich, äußerst bekömmlich und geschmackvoll. Sie repariert Leberzellen, transportiert Magnesium, stärkt das Herz und fördert das Langzeitgedächtnis.

In Glas-Schalen offeriert Johanna den vielen Interessierten auch gleich die 8 wichtigsten Lebensmittel, welche der Mensch zum Überleben braucht. Das sind; Spinat – Joghurt – Tomaten – Karotten – Blaubeeren – schwarze Bohnen – Walnüsse – Haferflocken. Essen entspricht der Aufnahme von Energie, und Energie ist letztendlich nichts anderes als Leben.

Es ist der 17. Dezember und somit Lilians Geburtstag. Sie entscheidet sich, den heutigen Tag extrem bewusst zu genießen und besucht als Erstes ihre Tochter auf dem Markt. Später will sie dann ihr Weihnachtslied abholen, welches sie bei einer ihrer Patientinnen, die an einem Magengeschwür leidet, in Auftrag gegeben hatte. Es ist erst zehn Uhr morgens, und der Markt ist eine Woche vor Weihnachten schon voll mit freundlichen Menschen. Lilian kennt bereits recht viele, und sogar bekannte Gesichter aus dem Pueblo sind anzutreffen. Es wird geredet und gelacht – immer mit der echten Wertschätzung gegenüber allen und allem. Man wird gesehen, man wird gehört, und man erhält das Gefühl, dass es etwas bedeutet, was man zu sagen hat.

An vielen Ständen wird Glühwein angeboten und das schon am frühen Morgen. Seit Wochen wundert sich Lilian, warum niemand betrunken oder betäubt durch Drogen anzutreffen ist.

Die Menschen haben gelernt, mit allem im Maß umzugehen, weil sie nun ihre eigenen Werte kennen, Selbstliebe besitzen und sich dessen bewusst sind – denn die Wurzel aller Süchte ist das Gefühl der Wertlosigkeit und die Suche nach Liebe.

In unserer Kindheit brauchen wir die Aufmerksamkeit von mindestens einem Menschen. Ein Kind will gesehen, bemerkt, angesprochen und berührt werden. Ohne dies kann es nicht überleben.

Die Hand an der Wiege regiert die Welt.

Diese Aufmerksamkeit ist Nahrung und drückt sich in Liebe, Wertschätzung, Anerkennung, Lob und Bestätigung aus.

Da niemand von uns damals wirklich satt geworden ist, sondern sich oft kritisiert, herabgesetzt und beschämt fühlte, sehnt man sich, auch als Erwachsener, immer noch, nach dieser Aufmerksamkeit. Wir wollen es anderen recht machen, sie beeindrucken und von ihnen anerkannt, gelobt und geliebt werden und verraten hierbei unsere Herzen.

Es ist die größte aller Süchte, die den äußeren Süchten zugrunde liegt.

Seit dem Weltwandel beschenken die Menschen sich nun selbst liebevoll mit der Aufmerksamkeit, die sie sich von anderen wünschen. Sie kümmern sich um ihr Schöpferwerkzeug – um sich selbst; um ihre Gedanken, ihre Gefühle, ihre Worte, ihre Handlungen, um die Qualität ihrer Beziehungen und gestalten ihr Leben synchron zur Stimme ihres Herzens.

Es ist ein wunderschöner Tag mit viel Sonne, doch Lilians Narben melden einen Wetterwechsel an, und bereits am späten Nachmittag ziehen dicke Wolken auf. Annie, die Saloon-Mama, wie sie von allen genannt wird, überrascht Lilian und die Gäste mit einem köstlichen Mahl und einem selbst gebackenen Kuchen. Gegen neun Uhr, der aufkommende Sturm hat bereits eine Windgeschwindigkeit von 80 Meilen erreicht, erscheinen noch zwei vermummte und völlig durchnässte Frauen im Hotel. Johanna erhebt sich vom Tisch, um die beiden zum Essen einzuladen und bleibt plötzlich wie angewurzelt mitten im Raum stehen. Mit Tränen in den Augen schaut sie zu ihrer Mutter und sagt einfach nur – mom … Lilian steht auf, legt ihre Hand auf den offenen Mund und starrt auf die Kleinere der beiden, welche gerade ihre Kapuze abnimmt und ihr feuchtes, sandfarbenes Haar aus dem Gesicht schüttelt. Der Anblick ihrer Tochter Margrit raubt ihr den Atem.

Kein Ziegel fällt vom Dach ohne Grund.

Es gibt keine Zufälle, alles im Leben hat seine Bestimmung, und diese Bestimmung grenzt an ein Wunder. Schluchzend umarmen sich die Drei, die schon so viele Schicksalsschläge zusammen gemeistert haben und lassen ihren Tränen freien Lauf. Nach einer Weile gesellt sich Allen dazu, und gemeinsam begrüßen alle Paige und nehmen auch sie herzlich in den Arm.

Es ist das schönste Geburtstagsgeschenk, welches man sich nur wünschen kann, die Kinder gesund und glücklich im selben Raum zu haben und sie einfach nur anzuschauen. Die beiden sind am frühen Morgen mit dem Fahrrad in Farmington gestartet und wollten in der freien Zeit über die Festtage die Gegend erkunden. Zu Fuß sind es circa 16 Stunden nach Durango, doch mit dem Velo haben sie es in stolzen 7 Stunden geschafft.

Diese Nacht wird durch geredet, und jeder erzählt voller Stolz von seinem Dazutun in der neuen Epoche. Lilian sieht in den Augen der begeisterten jungen Menschen den Sinn des Lebens, den Grund unseres wahren Seins. Alle haben gefunden, was wichtig für sie ist, stehen dazu und leben es jeden Tag, was persönlichen Frieden bedeutet. Innerer Frieden ist Weltfrieden und somit Wohlergehen allen Lebens, was immer mit jedem Einzelnen beginnt.

Die restlichen Tage bis Weihnachten sind erfüllt von liebevollen Begegnungen verschiedener Menschen, herzlichem Austausch von Ideen, Waren und Geschichten. Lilian und die Kinder mit ihren Partnern genießen die gemeinsame Zeit in vollen Zügen. Man kocht zusammen, erledigt gemeinsam die Pflege des Hotels, geht spazieren im nahegelegenen Wald und führt lange Gespräche bis tief in die Nacht. Der Heilige Abend ist unvergesslich. Nach einem fantastischen Diner in dem wunderschön dekorierten Saloon begeben sich alle Anwesenden zum Kamin und singen gemeinsam Weihnachtslieder. Niemand tauscht Geschenke aus, es ist gar kein Bedarf für diese Tradition, und trotzdem fühlen sich alle reich beschenkt durch die Anwesenheit und Liebenswürdigkeit der anderen.

Margrit und Paige bleiben noch bis zum Neujahr, welches von den Überlebenden mit tiefer Dankbarkeit herzlich begrüßt wird. Die beiden Lehrerinnen freuen sich mächtig, zurück zu den Kindern zu fahren und das neue Schulkonzept noch zu optimieren, versprechen aber, während längerer Ferien immer wieder nach Durango zu kommen.

Gut gelaunt wenden sich im Januar die Menschen wieder ihren Leidenschaften, Berufungen und Träumen zu, und niemand benötigt am Morgen einen Wecker zum Aufstehen. Alle haben diese motivierende Stimme in sich, die gegen sieben Uhr flüstert: Aufwachen bitte, Dein Leben wartet.

# 20.

Lilian macht es sich zur Herzensangelegenheit, als ärztlich zertifizierte Psychoonkologin die Patienten und Angehörigen im noch verbreiteten Krebsprozess zu unterstützen. Die starken Medikamente, welche zur Chemotherapie benötigt werden, waren bei Jahresende alle aufgebraucht, und die örtliche Klinik weist die Erkrankten auf Alternativverfahren hin, welches die Bereitschaft zur Aktivierung der eigenen Selbstheilungskräfte um ein Vielfaches erhöht hat.

Zuerst informiert Lilian bei abendlichen Treffen im Hotel, wie Krebs überhaupt entsteht, und mahnt zur Achtsamkeit, damit man der „Gefühlskrankheit des 21. Jahrhunderts" erst gar keine Chance gibt.

„Der Körper ist der Übersetzer der Seele ins Sichtbare"
Christian Morgenstern

Das Zusammenspiel von Psyche und Körper/Psychoneuroimmunologie drücken schon viele Sprüche aus der Kindheit aus, wie:

Das geht mir an die Nieren … dieses hat mir auf den Magen geschlagen … mir läuft die Galle über usw.

Der Mensch ist eine Einheit. Akuten, kontrollierbaren Stress empfinden wir als Herausforderung, jedoch unkontrollierter, langfristiger Stress führt zu Hoffnungslosigkeit/Hilflosigkeit. Dieses hat negative Folgen auf das Immunsystem, und es können chronische Entzündungen entstehen, da der Zellenwächter, das Protein 53, durch die Belastung geschwächt oder sogar außer Betrieb gesetzt wird. Somit können unregelmäßige Zellen entstehen, die sich unkontrolliert vermehren. Diese breiten sich dann in Nerven, Lymphen und Blutgefäßen aus und werden mit dem Blutstrom weggeschwemmt, um dann zu metastasieren. Durch unausgewogene Ernährung, übermäßiges Rauchen, mangelhaftes Bewegen usw. wird das Ganze noch unterstützt.

Gutartige Tumore sind immer sehr gut abgegrenzt – definiert, während bösartige schnell wachsen und aggressiv in das umliegende Gewebe eindringen. Zu den verbreitetsten Krebssymptomen gehören; außergewöhnliche Schwellungen, Veränderungen an einem Hautmal, ungewöhnliche Blutungen, chronischer Husten, Heiserkeit, dauerhafte Auffälligkeiten bei der Verdauung und ungeklärter Gewichtsverlust.

Die damaligen Strahlentherapien und Operation wirkten immer eingegrenzt, nur auf die betroffene Stelle, während die Chemotherapien immer auf den ganzen Körper einschlugen.

Heilsamer Umgang mit belastenden Gefühlen in psychischen, sozialen, spirituellen und lebensgeschichtlichen Belangen war damals sekundäre Krankheitsbewältigung und Sache des Psychoonkologen, in enger Zusammenarbeit mit den primären Behandlungen des Onkologen. Da nun die medizinischen Heilungsmethoden ausfallen, wird die Salutogenese, was Selbstbestimmung bedeutet, zur Nummer-Eins-Methode.

Mit Echtheit, Wertschätzung und einfühlendem Verstehen arbeitet Lilian an:

- Stressfaktoren/emotionalen Krisen;
- Krankheitsbewältigung;
- Hauptgefühlen/Auslösern/Ursachen;
- Unterstützungen/Kontakten/Umfeld;
- Hilfe zur Selbsthilfe – nach dem Prinzip der Bibel „Lehre die Menschen zu fischen und sie können sich selbst ernähren";
- Perspektiven.

Eigentlich kann niemand einen anderen heilen, und somit ist jede Heilung immer eine Selbstheilung, die nur unterstützt und aktiviert werden muss.

Beispiele aus der Praxis:
- Hirntumor – Sturheit, möchte nichts verändern,
- Brustkrebs links – Mutter- oder Kinder-Konflikte,
- Brustkrebs rechts – Partner-Konflikte,
- Schilddrüsenkrebs – Machtlosigkeit,
- Prostata – Probleme mit der sexuellen Verbindung und Bedeutung,
- Darmkrebs – hässliche Unverdaulichkeiten, meistens aus der Vergangenheit,
- Knochenkrebs – Mangel an Selbstwertgefühlen durch Lebens-Strukturverlust usw.

Im Februar nehmen einige ältere Onkologen des Durango Mercy Regional Medical Center, Coleys metronomische Fiebertherapie aus dem Jahre 1895 zur Schrumpfung von Tumoren, wieder auf. Sie benutzen hitzesterilisierte Extrakte, wie William Coley damals, um Fieberstöße an Krebskranken zu induzieren – nach Möglichkeiten zwei- bis dreimal pro Woche. Die Dosis wird durch Anheben und Senken für jeden Patienten individuell eingestellt, sodass eine Körpertemperatur von mehr als 39 Grad Celsius erreicht wird. Das Fieber senkt sich in der Regel nach 2–3 Stunden und klingt bis zum Abend vollständig ab.

Es ist bekannt, dass Menschen mit häufigen Infekten ein geringeres Risiko haben, an Krebs zu erkranken, da akute Infekte das Immunsystem aktivieren, während chronische Infekte es dämpfen.

Die neuen Lebensumstände sind natürlich für den medizinischen Bereich eine riesige Herausforderung, aber durch leidenschaftliche Auseinandersetzung bringen auch hier die Menschen ein enormes Potenzial zum Ausdruck. Jede Belastungssituation birgt eine Wachstumsaufgabe.

Man muss sich nur daran erinnern, was schon mal funktioniert hat und fragen, ob die Möglichkeiten dazu noch gegeben sind.

Das Optimale war, ist und bleibt das vorsichtig gewählte Zusammenspiel der westlichen Medizin, bereichert durch individuelle Alternativverfahren und unterstützt von der psychologischen Motivation zur Eigeninitiative.

Außerdem macht Lilian die allgemeine Angst vor erblich erhöhten Krebsrisiken zum Thema. Da gibt es natürlich körperliche Leiden aber auch Talente und gutes Aussehen sowie Intelligenz usw., welche wir mit der Erbmasse unserer Vorfahren und Verwandten übernehmen. Jedoch zu einem Krankheitsausbruch benötigen wir auch noch die übereinstimmende Einstellung unserer Familie. Denn diese Überzeugungen sind schlussendlich die Auslöser und somit Verursacher – haben doch oftmals Familienmitglieder ähnliche Ansichten voneinander, den Eltern und Großeltern übernommen.

Wie stark Programmierungen sein können, haben Studien aufgezeigt, welche sich mit der Selbsteinschätzung beschäftigten. Eine Rolle spielen die Antworten auf die Fragen:
- Wie gehe ich ein neues Projekt an …;
- Wie führe ich das Projekt aus …;
- Was empfinde ich, wenn das Projekt vollendet ist …;
- Wie schaue ich rückblickend auf das Projekt …?

Jede Antwort definiert uns, wurde aber eigentlich von unseren Eltern vorgegeben, und wir haben sie ohne Hinterfragung übernommen. Das Projekt sind wir, und die vier Antworten sind eigentlich nur die Empfindungen von Vater und Mutter zum Zeitpunkt der Planung oder Überraschung bei unserer Entstehung, unserer Ankunft und unseres Bleibens auf dieser Welt, und prägen unseren Charakter sowie unsere Handlungen heute noch.

Da gibt es Menschen, die fühlen eine unverständliche Wertlosigkeit, starke Selbstkritik oder ein schmerzhaftes Ungewollt sein. Hier kann es sich um Programmierung der Eltern handeln: wie sie damals gefühlt haben, bezogen auf das Kind – uns.

Von diesen unbewusst übernommenen Empfindungen kann man sich jederzeit lösen – dieses Erbe muss man nicht antreten. Auch Eltern sind Menschen, die auf diese Erde gekommen sind, um zu lernen und daran zu wachsen. Sie wurden ebenfalls mit Ansichten übersät, welche sie ungefiltert und ahnungslos weitergegeben haben.

Natürlich gibt es auch viele gute Einstellungen unserer Vorfahren und Familien, welche wir als weise Bereicherungen für immer mit uns tragen sollten. Wichtig ist, den Unterschied zu erkennen – was funktioniert für mich und was hindert mich.

Der tägliche Austausch mit den Menschen, die „Aha"-Momente der Patienten beim Erkennen ihres persönlichen Heilwortes und die darauf folgende Bereitschaft, die Verantwortung für ein gesundes und glückliches Leben zu übernehmen, sind so faszinierend.

Lilian liebt ihr Leben und findet es so sinnerfüllt, hat ihre eigenen Themen immer gut durchgearbeitet und strahlt vor Lebensfreude.

## 21.

Der März bringt längere Tage, wärmere Temperaturen und die ersten Wanderer aus dem Norden der damaligen USA. Johanna begibt sich immer seltener zum Spital, welches in seinen Dienstleistungen sehr eingeschränkt geworden ist und hat sich, wie ihre Mutter, ein Zimmer im Hotel zu einem bescheidenen Behandlungsort eingerichtet. Morgens gegen acht trifft man sich im Saloon zum Frühstück, diskutiert, was Priorität in der Stadt hat und wie man sich dabei nützlich machen kann.

Allen und Johanna haben im angrenzenden Wald ebenfalls begonnen, ein Baumhaus zu bauen. Die beiden sprudeln vor Ideen und Tatendrang bei den täglichen Erzählungen. Ohne Bauvorschriften sind der Kreativität keine Grenzen gesetzt, nur die Naturgesetze sind heilig und werden von allen streng eingehalten. Jeder Anbau von Lebensmitteln und Neubau von Wohngelegenheiten muss mit der Umwelt, Natur, Tier und Mensch harmonieren, und das sind die neuen und einzigen Richtlinien dieser Zeit. Dazu braucht es keine Sheriffs, Richter und Urteile, denn die Menschen respektieren diese logischen Gesetze und bemerken auch gleich, wenn sie einen Übergriff tätigen, welcher natürlich von der betreffenden Person sofort korrigiert wird. Das neue Einheitsdenken ist eigentlich so einfach, fühlt sich gut an, löst reine Zufriedenheit aus, und davon wollen sich die Überlebenden auf gar keinen Fall je wieder trennen.

An diesem sonnigen Morgen, es ist bereits Ende März, begibt sich Johanna auf den Weg in den Wald, um Allen und den Männern bei den letzten Arbeiten am Baumhaus etwas zur Hand zu gehen. In ein paar Wochen kann das junge Paar einziehen und die beiden freuen sich so sehr auf ihr selbst gebautes Nest inmitten der Natur. Das Geräusch ihrer monotonen Schritte wird plötzlich vom Schrei einer Frau unterbrochen, und Johanna steuert geradewegs auf die Stelle zu, von der das Rufen kommt. Dort angekommen wird ihr sofort klar, dass es sich hier um eine Gebärende handelt. Die Frau wurde vor Stunden von Wehen überrascht, und der Mann läuft irgendwo im Wald herum, um Hilfe zu holen.

Wie immer trägt Johanna ihren schweren Rucksack mit sich, der die wichtigsten medizinischen Utensilien beinhaltet. Sie kniet sich neben die junge Frau unter den Baum und fängt an, diese zu untersuchen, um sich einen Überblick der Sachlage zu verschaffen. Da der Muttermund schon voll offen ist, reagiert die Krankenschwester blitzschnell und bindet die werdende Mutter mit ihrem Gürtel unterhalb der Brust an den erstbesten Baum.

In einer aufrechten Gebärhaltung haben Kreuz- und Steißbein genügend Raum, um besser nach hinten ausweichen zu können. Das Baby erhält somit allen zur Verfügung stehenden Platz, um das Becken leichter zu passieren. Die Schwerkraft hilft dabei zusätzlich und ist von großem Nutzen.

Aufgeregt und außer Atem kehrt der Mann zurück, genau im richtigen Moment, um Johannas Anweisungen Folge zu leisten. Er setzt sich im Schneidersitz auf den Boden, direkt unterhalb seiner Frau, und Johanna legt ihm ihren Mantel auf den Schoß. Bereits nach vier weiteren Wehen fällt das Baby sanft auf die weiche Unterlage und wird auch gleich vom Vater zugedeckt. Die geübte Schwester schneidet die Nabelschnur erst nach dem Auspulsieren durch, da Säuglinge einen deutlich höheren Hämoglobin-Wert haben und künftig seltener unter Eisenmangel leiden, wenn die Schnur später, ein bis zwei Minuten nach der Geburt, durchtrennt wird.

Mit Schnaps wird der Dammriss der Frau gereinigt und Johanna sticht die Naht zu, bevor die mit starken Emotionen überhäufte Mutter überhaupt etwas realisiert. Während sie ihr Kind zum ersten Stillen ansetzt, mixt Johanna eines ihrer mitgebrachten Kräuter, das Hirtentäschel, mit heißem Wasser aus der Thermosflasche.

Wegen seiner blutungsstillenden Inhaltsstoffe ist das Hirtentäschel eines der besten Heilkräuter bei Blutungen. Die Heilpflanze enthält Wirkstoffe, die ähnlich wie das körpereigene Hormon Oxytocin, eine zusammenziehende Wirkung auf die Muskulatur der Adern und Venen ausübt. Diese Auswirkung ist besonders stark in der Gebärmutter zu spüren, was hilft, Blutungen nach einer Geburt zu stoppen. Johanna rät der jungen Familie, sich noch eine Weile auszuruhen und das Wunder der Ankunft eines neuen Lebens zu genießen.

Kinder sind nichts anderes als Seelen, die sich in ein neues Abenteuer auf die Erde begeben, um Erfahrungen machen zu können, die sie sich selber ausgewählt haben. Durch die bewusste Einladung von Mutter Erde und der beiden Elternteile kommen sie in dieses Leben und vertrauen auf unsere Hilfe, bei dem Finden des Weges zur Erfüllung ihres Seelenplanes. Das Kommen neuer Kinder ist das Wichtigste, denn sie führen die vollständige Transformation der übrig gebliebenen Reste der alten Welt durch und lehren uns, wie wir die Folgen unseres früheren Daseins vollständig heilen können.

Zufrieden marschiert Johann weiter durch den Wald und berichtet der Hausbautruppe von ihrem freudigen Erlebnis.

Am Abend gibt es dann ein Wiedersehen im Hotel, da die Eltern sich entschieden haben, doch noch eine Weile an diesem sympathischen Ort zu verweilen. Lilian ist mächtig stolz auf ihre Tochter und gratuliert allen Beteiligten. Die

Babyschreie erfüllen den Raum und sind eine Bestätigung für die ganze Gemeinschaft, dass das Leben weitergeht und uns das Universum nicht aufgibt, solange wir es nicht tun.

Ein Menschenleben ist gemessen an der Ewigkeit nur ein kleiner Funken, der fast nicht wahrnehmbar ist – doch es ist ein großer Schritt für die Seele des Menschen, um die gewählten Erfahrungen zu sammeln.

Die junge Familie kommt ursprünglich aus Idaho und war monatelang unterwegs. In Salt Lake City, Utah, haben sie den Spätherbst verbracht und berichten mit großer Achtung und Respekt über die Geschehnisse in der Stadt am Salzsee, welche zu Füßen der schneebedeckten Wasatch-Gebirgskette liegt. Wie hier in Durango entstand auch dort sofort ein Einheitsdenken, weil es einfach logisch erschien und Getrenntheit, wie man nun aus Erfahrung weiß, mit so viel Leid verbunden ist. Die gegenseitige Unterstützung und das Miteinander haben auch dort auf Anhieb funktioniert.

Die Todesrate beim Malaria-Ausbruch war dort jedoch geringer als in den übrigen Regionen. Utah ist eine Gegend mit sehr religiösen Menschen, die sofort mit tiefem Glauben und vollem Vertrauen ihre Selbstheilungskräfte aktivierten. Außerdem erhielten sie Hilfe von sogenannten Indigokindern, wie der frischgebackene Vater berichtet.

Lilian kennt diesen Begriff noch aus Santa Fe, haben doch die Einheimischen immer wieder von ihnen gesprochen – als Heils- und Zukunftshoffnung. Sie glaubten fest daran, dass diese Kinder, die in den 1990er Jahren geboren wurden, uns später, bei dem Zurechtfinden in neuen Lebensumständen behilflich sein würden. Es wurde damals berichtet, dass diese Kinder schon von Geburt an auffällig seien und alle anstatt braune blaue Muttermale besäßen. Indigo-Kinder haben eine ausgeprägte Fähigkeit in der Wahrnehmung von Energien und sind dadurch extrem sensibel. Diese Sensibilität kann auch durch Hellsichtigkeit oder anderen Phänomenen zum Ausdruck kommen. Die Transformation ist für diese Kinder ein großartiges Ereignis, denn sie werden bereits geboren mit speziellen Fähigkeiten, die andere Menschen erst entdecken müssen. Die Aufgabe der Indigo Kinder besteht darin, dass sie der Menschheit durch ihre Wahrnehmung und ihr gesteigertes Bewusstsein, Rat gebend zur Seite stehen können. Sie haben sich in der alten Welt oft total unverstanden gefühlt und wissen in der Transformation bei jeder Herausforderung sofort, was zu tun ist. Sie sind die Gestalter und Führer der neuen Gesellschaft.

Die Erzählungen der Besucher sind faszinierend, und da man es hört und nicht wie damals im Fernseher sehen kann, sind der Fantasie und Vorstellungskraft keine Grenzen gesetzt. Diese Abende im Kerzenschein, einen Kräutertee in der Hand, in wertvoller Gesellschaft und untermalt von intensiven Gesprächen, sind für Lilian unbezahlbar.

Sie öffnet sich dem Augenblick, denn der jetzige Moment wird nie alt – der morgige Tag ist schon wieder voll mit neuen Momenten.

# 22.

Die Tage vergehen wie im Fluge, sind ausgefüllt mit fesselnden Beschäftigungen und harmonischen zwischenmenschlichen Beziehungen.

- Unsere Körper machen uns sichtbar für andere, also entscheiden wir, wie wir gesehen werden wollen.
- Unsere Energie macht uns spürbar für andere, also entscheiden wir, wie wir wahrgenommen werden wollen.
- Unsere Worte machen uns hörbar für andere, also entscheiden wir, wie wir verstanden werden wollen.
- Unsere Taten definieren uns, also entscheiden wir, wie die Welt von uns verändert wird.

Das absolute Bewusstsein der Eigenverantwortung und Selbstbestimmung sowie die Wahrnehmung des daraus entstehenden Resultates lassen die Menschen ein bewusst aufmerksames Leben führen. Am Anfang verliert man sich immer wieder in den Ereignissen des Tages, doch mit der Zeit ist es wie ein Muskel, der trainiert wird, und man passt schon auf, wie man denkt, um somit die Geschehnisse in eine gute Richtung zu lenken. Die Menschen verändern sich zum Besten, und automatisch verändert sich alles, was sie umgibt.

Johanna und Allen leben nun seit Wochen in ihrem fantastischen Baumhaus und beide sind sehr glücklich miteinander und mit ihren spannenden Berufungen. Johanna kommt jeden Morgen ins Hotel und behandelt Infektionen, Brüche, Erkältungen, einfach alles, was in ihrem einfach eingerichteten Praxiszimmer im Bereich des Möglichen ist. Sie pflegt eine tiefe Beziehung mit den Mesa-Bewohnern, und am wöchentlichen Markttag werden neben Gemüse und Kräutern auch stundenlang Erfahrungen und neue Erkenntnisse, angepasst an die jetzigen Lebensumstände, ausgetauscht.

Allen arbeitet intensiv an seiner Permaculture, welche erstaunlicherweise eine Vielfalt von verloren geglaubten Sorten an Gemüse, Obst und Getreide hervorbringt. Durch den Wegfall des letzten Winters konnte man mit Rücksicht auf den natürlichen Rhythmus das ganze Jahr über anpflanzen und ernten. Durch seine enormen Fachkenntnisse und die sympathische Art sich mitzuteilen, überzeugte er im vergangen Herbst zahlreiche Bewohner aus nah und fern von seinem Vorhaben – einer Natur mit unvorstellbaren Möglichkeiten.

Durch Führungsqualitäten wie Akzeptanz, Verständnis, Zuhören, bedachtes Reagieren – angepasst an Umstände und Problematik, Klarheit, Wertschätzung und das Ernstnehmen jedes Einzelnen, damit er fähig ist abgeholt zu werden – wird er von allen geschätzt und respektiert.

Erfolg ist ein kreativer Prozess und beginnt mit der richtigen Wahl des Ziels, welches sich auch immer wieder ändern kann. Wichtig ist zu lieben, was man tut und zu tun, was man liebt. Wenn man an sich glaubt, über ein gesundes Ego verfügt und mit der Vergangenheit im Reinen ist, steht dem Erfolg nichts mehr im Weg.

Lilians Mahnung an ihrer Praxistür im Hotel:

*Jede Emotion hat eine physische Reaktion*

findet große Aufmerksamkeit und wird von den Reisenden zu Herzen genommen. Mentale und emotionale Gesundheit sind die Basis einer hohen Lebensqualität und verhindern, physisch krank zu werden.

Ihre Philosophie der Heilung durch Mut zur Selbsterkenntnis und somit Wertschätzung der eigenen Person hat sich schon weit herumgesprochen, und täglich erscheinen Besucher aus den verschiedensten Regionen.

So auch an diesem Mittwochnachmittag, Ende Mai. Eine junge Frau, blass und sehr dünn, erkundigt sich nach der Therapeutin mit dem Wissen um Selbstheilung. Annie begleitet die Hilfesuchende liebevoll bis zum Praxiszimmer und macht sie mit Lilian bekannt.

Die Frau nimmt Platz auf dem bequemen Sofa gegenüber dem Fenster. Ihre Erscheinung ist sehr exotisch, bildhübsch, und die kurzen Haare geben ihr einen jugendlichen, kecken Ausdruck. Die Sonne scheint weich über das liebevolle Gesicht der Patientin und entlockt ihr ein schwaches Lächeln. Lilian setzt sich neben sie, mit der freundlichen Aufforderung, doch etwas über sich zu erzählen und damit zu beginnen, was in ihrem Leben stimmt. Das ist immer die erste Frage einer Therapie. Der Mensch soll beschreiben, was in seinem Leben stimmt und passt, denn daraus lässt sich sehr viel ableiten.

In der alten Welt wollten alle immer nur über das Nichtpassende schimpfen, denn das war doch schließlich der Hauptgrund, warum man einen Therapeuten aufsuchte. Durch Lilians erste Frage wurden die meisten dann auch gleich aus dem Konzept geworfen, da sie dem Positiven in ihrem Leben kaum Beachtung schenkten. Sie beschäftigten sich ausschließlich mit dem Negativen und zogen dadurch noch mehr davon an; denn da, wo man hinschaut, davon wird's mehr.

Die Walliserin liebt es zuzuhören, es ist ein Akt der Hingabe. Zuhören bedeutet Zuwendung zu dem, der spricht, zu seinen Worten, zu seinen Gesten und zu seinem Gesichtsausdruck. In diesem Moment muss man seine eigenen Belange für weniger wichtig halten, als die des Gegenübers. Ein guter Zuhörer setzt auch sein emotionales Erfahrungsgedächtnis ein, weil er sich nicht alleine mit den Worten des andern zufrieden gibt. Er nimmt auch auf, was nicht gesagt wird und was sich hinter den Worten verbirgt. Dies erfordert Einfühlungsvermögen, Konzentration, Bereitschaft, Echtheit und Interesse.

Die angeschlagene Dame berichtet, dass sie heute Mittag mit ihrem Bruder in Durango angekommen ist. Die Geschwister seien schon monatelang unterwegs und hätten bisher überall Halt gemacht, wo man ihnen helfen konnte. Während der Katastrophe lebten die beiden in Whitefish, Montana, und machten sich nach dem Stromausfall auf den Weg – Richtung Süden. Mit Ross und Wagen fuhren sie durch Idaho, und in Boise konnte man ihr dann zum ersten Mal sagen, unter welcher Krankheit sie litt.

Ihre Symptome entstanden aus völliger Gesundheit heraus und äußerten sich in der Form eines schweren Krankheitsbildes. Sie litt unter Blässe, Schwäche und Blutungsneigungen mit spontanen blauen Flecken. Dazu kamen Anfälligkeit für Infektionen mit Fieber sowie geschwollene Lymphknoten, Nasenbluten und manchmal starke Knochenschmerzen. Im Weiteren litt sie unter Gewichts- und Appetitverlust, Müdigkeit und heftigem Nachtschweiß.

Die Diagnose – Akute Leukämie – traf sie wie ein Schlag, und irgendwie hat sie das Gefühl, immer noch unter Schock zu stehen. Ihre bisherigen Behandlungsprinzipien waren: eine Hochdosistherapie mit autologer Stammzelltransplantation und eine allogene Knochenmarktransplantation. Dazu wird, ähnlich wie bei einer Bluttransfusion, ein passender Knochenmarkspender benötigt, und ihr Bruder stellte sich natürlich sofort zur Verfügung. In Salt Lake City unterzog sie sich dann Monate später einer therapeutischen Strahlentherapie.

Da nun ihre starken Medikamente nirgends mehr erhältlich sind, hat sie sich entschieden, ihren eigenen Beitrag zur Genesung zu leisten, nachdem sie in Provo von Lilians Therapieform gehört hatte. Bei ihren Worten – ich habe es geschafft, krank zu werden, ich will es jetzt auch schaffen, wieder gesund zu werden – fängt sie bitterlich an zu weinen.

Starke Emotionen, so wie starkes Lachen und intensives Weinen, begünstigen eine Hypnotherapie, und Lilian begleitet sie mental in einen Alpha-Zustand.

Der Alpha-Zustand (8–14 Hz) ist ein Zustand entspannter Wachheit. Wir sind zwar geistig noch klar aber in völliger Ruhe und Entspanntheit. Die Augen sind geschlossen, geistige Bilder entstehen, und Gedanken kommen assoziativ. Diesen enormen Vorteil nutzt die Therapeutin zur Ursachenerforschung – dem Auslöser. Gleich wie man beim FBI mit der Verhaltensanalyse Verbrechen aufdeckt, wird in der Hypnotherapie mit der Wortanalyse der Täter/Krebs definiert.

Die allgemeine emotionale Bedeutung bei Blutproblemen wie Blutungen, Anämie oder Leukämie ist Mangel an Freude und das Fehlen zirkulierender Ideen. So ist es auch der Fall bei Judys Leukämie. Bei dem mentalen Bodyscan gibt sich der Krebs als graue Eisenkugel zu erkennen. Diese kalte Kugel erinnert bei der Gegenüberstellung die Patientin daran, wie brutal ihre Inspirationen damals abgewürgt wurden.

Eine schwere Gefühlskrise, die zu einem bösartigen Krebs führen kann, tritt meistens ein bis zwei Jahre vor der Diagnose ein. Judy wollte Schauspielerin werden wie ihr Bruder, aber sie erhielt immer nur Rollenangebote, wenn er für sie vorsprach und eintrat, da er es in Hollywood schon weit geschafft hatte. Als ihre skeptische Mutter sie dann auf diese Tatsache aufmerksam machte, verlor auch sie den Glauben an den eigenen Erfolg und beschloss aufzugeben – was soll's – und fing an, für einen Verlag zu arbeiten.

Wie üblich hat auch Judy die Krankheit gebraucht, um sie auf die Tatsache aufmerksam zu machen, dass sie sich nicht treu war, den Spaß am Leben verloren hatte und sich den äußeren Umständen unterwarf.

Jedes körperliche Leiden hat seine Botschaft, welche direkt von der Seele kommt, und das macht die Krankheit zu unserem Freund, der uns ermahnt und stoppt, sobald wir unser Leben nicht zum vollsten Potenzial leben. Wer die innere Stimme nicht hören will, muss fühlen.

Lilian entscheidet sich für das 21-tägige Programm der Neudefinierung und Erforschung des Seelenplans. Leidenschaft, Freude, Passion und Lebenswille müssen wieder aktiviert werden, und die heran gebrochene Zeitepoche, in der sie nun lebt, ist genau richtig dafür. Sie braucht einen Traum. Selbsterkennung stärkt das Immunsystem und bekämpft somit die Krankheit – die guten Zellen gewinnen immer, wenn sie ehrliche Motivation und Unterstützung vom Menschen erhalten.

Die sensible Annie hat bereits ein Zimmer zurechtgemacht und versorgt Judy mit warmer Suppe, nachdem sich Lilian von der Erschöpften verabschiedet hat.

Noch etwas besorgt aber erleichtert über den Ausgang der Session, wirft die 51-Jährige einen Blick in den Spiegel und öffnet ihre langen Haare, die ihren letzten professionellen Schnitt vor 18 Monaten in der Schweiz hatten. Der nachgewachsene Ansatz, ein Gemisch von dunklem sandblond und weißen, aber auch einigen tabakfarbenen Strähnen, verleiht ihrem Gesicht eine Weichheit und bringt die leuchtenden aquagrünen Augen voll zur Geltung. Ja, die synthetischen Zeiten der gefärbten Haare sind vorbei. Kurz zupft sie noch ihren Overall zurecht, der seine Farbe vom tiefen Schwarz, durch das viele Waschen, in ein Anthrazitgrau gewechselt hat.

Mit schnellen Schritten trippelt Lilian in ihren bequemen Ballerinas die Hoteltreppe nach unten, um das Abendessen mit den anderen einzunehmen. Abrupt bleibt sie auf den letzten Stufen stehen und hält inne beim Klang der Musik, welcher aus dem Saloon dringt. Ein Mann mit schwarzem, pfeffergrau durchzogenem schulterlangem Haar singt mit sanfter Stimme – Leonard Cohens Hallelujah. Mit Tränen in den Augen setzt sich Lilian zu ihrer Tochter, die ebenfalls gerührt zuhört.

Die viel gereiste Therapeutin begegnete, über all die Jahre, Hunderten von Leuten – in den verschiedensten Ländern.

… und dann begegnet man diesem einen Menschen und man weiß, das Leben wird sich ändern und zwar für immer…

Nachdem der Fremde das wunderschöne, bedeutungsvolle Lied beendet hat, lehnt er die Gitarre an die Wand und steuert direkt auf Lilian zu. Er stellt sich vor als Dwight, und Johanna informiert ihre Mutter, dass er der Bruder – der von ihr heute behandelten Patientin, sei. Lilian versucht, ihre soeben erlebte Überwältigung zu kontrollieren und bittet den Neuankömmling, sich doch zu setzen, damit sie ihn über die bevorstehende Behandlung aufklären kann. Während Dwight Fragen stellt und noch einige Zusatzinformationen zur Krankheit seiner Schwester hinzufügt, hat Lilian Zeit, sein Gesicht zu studieren.

Seine Augen sind mitternachtsschwarz, die Nase ist wunderschön korrekt geformt, seine Lippen haben einen weichen, schmalen Verlauf, und er trägt einen gepflegten Dreitagebart. Seine ganze Erscheinung ist extrem attraktiv, doch man erhält auch bei ihm, wie bei seiner Schwester, den Eindruck, sein Leben könnte harmonischer und glücklicher sein.

Vor der Transformation der Erde war er ein bekannter Schauspieler und Sänger, führte ein erfolgreiches Leben, an welches er seit dem Wandel nicht anknüpfen konnte, und die Krankheit von Judy gab ihm bis dahin die nötige Ablenkung, um die Frage, nach dem Sinn seines Daseins, erfolgreich aufzuschieben. Aber auch er wird nicht darum herumkommen, sich – früher oder später – damit auseinanderzusetzen. Lilian rät ihm zur Akzeptanz der neuen Lebenslage; das wäre schon mal ein Anfang und macht alles viel leichter.

## 23.

Pünktlich um neun Uhr morgens erscheint Judy zur meditativen Behandlung und hilft den Rest des Tages Johanna in der Praxis und begleitet sie am Spätnachmittag auch zum Markt. Die beiden Frauen verstehen sich prächtig, und durch Johannas abwechslungsreichen Tag kriegt die langsam auftauende Judy ein Einblick in die unendlichen Möglichkeiten der neuen Epoche.

Lilian sieht Dwight erst beim gemeinsamen Abendessen wieder und ist sich immer mehr bewusst, dass es bei diesem Mann eher weniger ausschlaggebend ist, was er sagt – bei ihm scheint es viel wichtiger zu sein, was er nicht sagt. Seine Gesichtszüge sind so liebevoll, können sich jedoch nicht mehr daran erinnern, wie es sich anfühlt, herzlich zu lachen. Kurz vor dem Schlafengehen gesellen er und seine Schwester sich noch zu Lilian auf die Veranda. Wie jeden Abend trinkt diese einen Kräutertee im alten Schaukelstuhl und schaut Johanna und Allen nach, wie die beiden sich Arm in Arm auf den Heimweg machen. Die Nacht ist angenehm warm, die Luft riecht nach frisch geschnittenem Gras, und die unruhige Energie, die von Dwight ausgeht, kann Lilian spüren, ohne ihn anzusehen. Er hat die Ärmel seines Hemdes hochgekrempelt, und beim Anblick seiner nackten Haut muss die Schweizerin sich anstrengen, gleichmäßig weiter zu schaukeln, ohne dabei aus dem Stuhl zu fallen. Während er sich an das Holzgeländer lehnt, stellt die wissbegierige Lilian Fragen über Montana, die Judy liebend gerne beantwortet.

Sie erklärt, dass der Name Montana aus dem Spanischen oder Lateinischen abgeleitet wurde und Berg oder gebirgig bedeute. Dieser Name ist vor allem begründet durch die einzigartige Lage des Bundesstaates, denn Montana befindet sich inmitten der Rocky Mountains und gehört somit auch zu den Mountain States. Er trägt den Spitznamen „Treasure State", welcher sich vor allem auf die Vielzahl seiner Bodenschätze wie Gold, Silber oder Erdöl zurückführen lässt. Man nennt ihn außerdem auch „Sky State", wegen seiner endlosen Weiten und seinem scheinbar grenzenlosen Himmel.

Mit einem tiefen Seufzer beendet Judy die Beschreibung ihrer Heimat, denn sie vermisst ihre Familie sehr. Mit Tränen in den Augen fügt sie hinzu, dass die beiden eigentlich noch eine Schwester hätten, welche an der Malaria gestorben sei. Die Mutter war beim Anstieg des Wassers in New York, und niemand hat seitdem etwas von ihr gehört. Der Vater hatte die Familie vor Jahren verlassen und war wieder zurück in seinen Heimatstaat Hawaii gezogen.

Er ist einer der sogenannten „goldenen Menschen" von Hawaii, die entstanden waren aus der Durchmischung der polynesischen Ureinwohner mit den asiatischen, vor allem japanischen Einwanderern. Das erklärt die dunklen, mandelförmigen Augen der beiden und die warme Hautfarbe, denkt sich Lilian beim aufmerksamen Zuhören.

Dwight hat die ganze Zeit nicht ein Wort gesprochen und verabschiedet sich gegen Mitternacht nachdenklich von Lilian und streicht seiner Schwester sanft übers Haar. Lilian findet keinen Schlaf und ist bereits vor Sonnenaufgang mit Talulah unterwegs im Wald. In ihrem Heimatdialekt erzählt sie der treuen und verschwiegenen Hündin von ihren Gefühlen für Dwight. Sie ist schon seit Jahren in keiner Liebesbeziehung mehr gewesen und genoss die tiefe, aufrichtige Freundschaft zu Franz, die unkompliziert und ohne Erwartungen war. Sie mussten einander nicht vervollständigen, was keine Beziehung auf Dauer kann und soll, denn es ist unsere Aufgabe, uns komplett zu fühlen – uns alles selber geben zu können, und erst dann sind wir bereit für die unabhängige, wahre Liebe.

Man teilt dann sein Leben mit der Person, die sie geworden ist und wächst zusammen weiter.

Alles im Leben dreht sich um Beziehungen, sie sind so wichtig, denn nirgendwo sonst können wir so viel über uns und die Welt lernen. Unser Umfeld, unsere Freunde, Familie und alles was wir erleben, sind immer ein Spiegel der Qualität unserer Beziehung – zu uns selbst.

Jäh wird Lilian aus ihren Gedanken gerissen und dreht sich rasch um, da irgendjemand ganz nahe hinter ihr steht. Es ist Dwight mit seinen 1.85 Metern Größe, und er gibt schelmisch lächelnd zu, sich angeschlichen zu haben, um die beiden zu belauschen. Sie erklärt ihm darauf, dass der Walliser Dialekt wie der Navajo Code eine Geheimsprache sei und nur von den Wenigsten verstanden werde. Freundlich erkundigt er sich, ob seine Anwesenheit beim Spaziergang erwünscht sei, und in angenehmer Stimmung schlendern alle Drei weiter. Lilian beobachtet, wie unbeschwert er mit Talulah umgeht und wie die Hündin ihm ständig ein Lächeln entlockt. Doch erst, als die ehemalige Jagdhündin eine Fährte aufnimmt und Dwight zu einem verletzten Reh führt, erkennt Lilian die Verbindung. Liebevoll kniet er sich neben das Wild, tastet es ab, hebt es vorsichtig hoch und trägt das noch junge Tier zurück in die Stadt. Hinter dem Hotel befindet sich ein Barren, wo die beiden das Reh sorgfältig im Stroh einbetten. Mit kurzen Worten erklärt er der gerade eingetroffenen Johanna, dass es sich um einen Beinbruch handle, und fragt sie, ob sie ihm beim Bandagieren helfen könne.

Zufrieden lächelnd betrachtet Lilian die Szene und freut sich über die Zeichen des Universums. Wir alle haben unseren

Call im Leben, und es ist ja so wichtig, dass wir ihn hören und bereit sind in dem Moment, wo er uns erreicht. Den Ruf zu hören, ist das Geschenk des Universums an uns. Schließlich sind wir alle, von einer tief in unserer Seele liegenden Sehnsucht bewegt, zu wissen, welche Form unser Leben einnehmen soll – was ist unsere Lebensaufgabe, unsere persönliche, einmalige Berufung? Es bedarf keiner Begründung, warum jeder einzelne Mensch seinen besonderen Wege geht.

In diesem Augenblick fühlt Dwight sich nicht als sinnlose Berühmtheit, nein, er fängt an zu verstehen, dass er als einzelnes Individuum ein wichtiger und unverzichtbarer Bestandteil des Ganzen ist, und er verspürt nach Langem wieder den Drang, etwas Großes zu vollbringen.

Voller Leidenschaft widmet sich Dwight während der nächsten Wochen den Tieren und deren Bedürfnissen. Er setzt sich für die absolute Abschaffung der Tierzucht ein – Tiere dürfen nicht mehr gehalten werden, um der Ernährung des Menschen zu dienen. Sie sind trotzdem noch nützlich zur Erhaltung von Milchprodukten, Eiern usw., jedoch nicht zur Schlachtung – als Nahrungsmittel. Durch die neue Vielfalt an Pflanzen wird der Mensch reichlich mit allen notwendigen Nährstoffen und Spurenelementen versorgt. Biologisch aufgezogene Pflanzen aus gesunden Böden beinhalten alle wichtigen Stoffe im Überfluss. Wir sind abhängig vom Kreislauf der Tier- und Pflanzenwelt – die Natur hingegen braucht uns nicht.

Bei den bescheidenen, allabendlichen Mahlzeiten nehmen die Gespräche kein Ende mehr. Dwight blüht so auf in seiner Tätigkeit, dass er kaum wiederzuerkennen ist. Er und ein paar Gleichgesinnte haben in der Scheune nebenan eine Tierpension eingerichtet und machen täglich Streifzüge im Wald, arbeiten eng mit Allen und seinen Männern zusammen, und alle verfolgen das gleiche Ziel – im Einklang mit der Natur zu leben.

Judy macht ebenfalls erste Schritte Richtung Genesung, und die ausgefüllten Tage an der Seite von Johanna sind so motivierend, dass die zurückeroberte Lebensfreude schon in ihren Augen sichtbar ist. Von den Indianern lernt sie die Lehre der Pflanzen und Kräuter, testet selber die Wirkungen aus und gibt die Erfahrung an andere Krebskranke weiter. Sie entwickelt sich immer mehr zu einer Pflanzenkennerin, mischt, lagert und verarbeitet die verschiedenen Arten, als ob sie nie etwas Anderes gemacht hätte.

## 24.

Der Sommer mit all seinen Vorzügen hat in den Rocky Mountains Einzug gehalten und Lilian ist voller Vorfreude auf Margrit und Paige, die ganze 8 Wochen in Durango verbringen möchten. Wie jeden Abend verabschiedet sich die Mutter von Johanna und Allen und trinkt noch einen Kräutertee auf der Veranda – diesmal eine Spezialmischung von Judy. Dwight leistet ihr Minuten später Gesellschaft und setzt sich auf den Boden neben dem Schaukelstuhl. Lilian beobachtet ihn von der Seite und spricht den in-sich-gekehrten darauf an, was ihn noch zurückhalte vom absoluten Erfolg seines Vorhabens, denn sie hat schon seit Tagen das Gefühl – er werde von irgendetwas gebremst. Das Einfühlungsvermögen von Lilian erstaunt Dwight immer wieder, doch es hat keinen Sinn zu leugnen; sie hat ihn durchschaut und kommt wie immer auch gleich auf den Punkt.

Die Leidenschaft und Liebe zur Sache, die es braucht zum Gelingen, ist da, und über ein gesundes Ego verfügt der 52-Jährige auch. Die vergangenen Wochen haben seine wertvolle Persönlichkeit in vollem Ausmaße zur Geltung gebracht.

Wer über eine wahre Persönlichkeit verfügt, kann: Lob annehmen – Komplimente machen – jemanden um einen Gefallen bitten – Recht ein verlangen – „Nein" sagen – sich entschuldigen – Gespräche beginnen aber auch Gespräche beenden. Somit wäre da nur die Vergangenheitsbewältigung, denn ohne sie ist ein Leben im Augenblick und ein Vorwärtsgehen unmöglich. Wenn man das Geschehene loslässt, hat man beide Arme frei für die Zukunft.

Somit fordert Lilian Dwight auf, doch etwas über seine Vergangenheit zu erzählen und bei sich denkt sie, irgendwie wird sich der Hinderungsgrund einer uneingeschränkten Zufriedenheit schon herausstellen. Es wird nämlich davon abgeraten, bei Personen, für die man eine romantische Liebe empfindet und bei engen Familienmitgliedern, wie Eltern und eigenen Kindern, eine Hypno-Therapie anzuwenden.

Dwight macht es sich mit einem Kissen auf den Brettern der Veranda so richtig gemütlich und fängt an, über seine Kindheit, das viele Umziehen, den häufigen Männerwechsel seiner europäischen Mutter und den schmerzlichen Wegzug des Vaters zu erzählen. Er war nie verheiratet, hatte aber viele Bekanntschaften. Auf die Frage nach einem unerfüllten Kinderwunsch – typisch Lilian, sie konnte nicht aufhören zu bohren – senkt er beklommen seinen Kopf.

Mit leiser Stimme befreit er sich von den quälenden, selten ausgesprochenen Worten: dass sein Kind und seine damalige Freundin bei der Geburt gestorben seien und des Schicksals nicht genug – an Heiligabend.

Für Minuten herrscht Stille, Lilian wischt sich die Tränen ab, erhebt sich vom Schaukelstuhl und setzt sich neben Dwight auf den harten Holzboden. Ohne zu Zögern, nimmt sie ihn in die Arme, und das überwältigende Gefühl der Zusammengehörigkeit bringt die Zeit zum Stillstand. Es ist vorgesehen, dass es für jeden Menschen zum bestimmten Zeitpunkt einen geeigneten Partner gibt – das war immer so und wird immer so sein.

Beide fühlen sich voneinander so stark angezogen, und da ist dieses tiefe Verlangen, den anderen zu berühren, mit ihm zusammen zu sein und alles zu tun, damit das Gegenüber vollends glücklich ist.

Dwight rafft sich zitternd auf, hebt Lilian hoch und trägt sie in ihr Zimmer. Ihre ekstatische Anziehung soll nicht dazu dienen, einen Akt zu vollziehen, sondern erreichen, den Partner mit allem zu erfüllen, was sein Leben erfüllen kann.

Alles, was die Liebe zu vollbringen vermag – ist Fülle. Durch diese Art zu lieben bzw. die Liebe zu erfahren, versteht man erst so richtig, was es bedeutet, einfach nur so zu sein. Diese Liebe ist eine Verschmelzung mit allen Sinnen – Dwight und Lilian werden eine Einheit – aus Zwei wird Eins. Sie erfahren dabei eine Tiefe, die beide bisher nicht kannten, und dieses vermittelt ihnen das Bedürfnis, nie mehr voneinander loslassen zu wollen.

Die Liebe in ihrer vollsten, über die Körperlichkeit hinausgehenden Ausprägung zu erfahren, ist der wesentlichste Bestandteil unseres Seins. Lilian ist sich sicher, erst wer dies erfahren hat, kann behaupten, wirklich gelebt zu haben.

Gegen drei Uhr morgens fragt Dwight sie vorsichtig, ob er bleiben könne, und sie flüstert leise: Ja, bleib für immer – und schläft in seinen Armen ein.

Als die beiden gegen acht Uhr zum Frühstück erscheinen, reagieren die anderen, als ob sie schon lange gewusst hätten, dass Dwight und Lilian füreinander bestimmt waren, und alle freuen sich mit ihnen. Annie, Judy und Johanna erheben sich und geben den beiden eine warme Umarmung.

Die Liebe ist ein unergründliches Mysterium. Zwei unabhängige Teile, die miteinander funktionieren. Wir können sie erfahren, aber wir können sie nicht erklären. Liebe kann man nicht einfach so wollen – sie ist ein Geschenk, und man kann sie nicht festhalten. Liebe ist eine Gnade und bleibt ein Geheimnis. Wenn man einmal vom Geschenk der Liebe berührt worden ist, wird man nie mehr derselbe sein, der man vorher war. Liebe ist das einzig Unbegrenzte in einer begrenzten Welt.

Dwight fühlt sich wehrlos, und beide sind einander in vollkommener Hingabe ausgeliefert. Von anderen geliebt zu werden, macht uns stark, aber jemanden wahrlich zu lieben – das braucht Mut.

Lilian hofft, dass Dwight sich befreien kann, von den Schuldgefühlen sowie Vorwürfen und er es sich wert ist, aus tiefstem Herzen glücklich zu sein. Es ist ein Prozess von Verzeihen und Annehmen, ein Pfad, den nur er beschreiten kann, und Lilian wird am Ende des Weges auf ihn warten.

Was geschehen ist, tut nicht mehr weh – nur der Gedanke daran, und der ist heilbar.

## 25.

Die darauf folgenden Wochen sind so unglaublich fantastisch, dass Lilian denkt, der Himmel hat viele Plätze auf dieser Erde. Nicht nur in Annies Hotel lebt man und liebt man – nein, auch die Durchreisenden sind dankbar, wertschätzend gegenüber allen und allem, bringen harmonische Energien mit und verfolgen treu ihren Weg. Die Treue zu sich selber ergibt die Treue zur Sache und vertieft die Treue zu allem rundherum, vor allem zu unseren Liebsten.

Die Treue schaut niemals auf die Form einer Beziehung, die sich verändern kann – sondern auf den Inhalt, den Menschen, den es betrifft.

Margrit und Paige sind bereits seit einer Woche in Durango und diesmal haben sie die Postkutsche genommen. Viele umliegende Städte bieten regelmäßige Fahrten an, und die Reisenden sprechen von unvergesslichen Abenteuern, Wildwestererlebnissen und wertvollen zwischenmenschlichen Begegnungen, origineller als jedes Reiseunternehmen der alten Welt sie hätte anbieten können. Auch haben Jugendliche den Ponyexpress wieder ins Leben gerufen, um wichtige Nachrichten in der ganzen Gegend weiterzuvermitteln.

Der legendäre Ponyexpress war Anfang des 18. Jahrhunderts die berittene Post, welche die noch nicht durch Eisenbahn und Telegraphenlinien erschlossenen Weiten der USA versorgte.

Bis zu diesem Zeitpunkt weiß man jedoch immer noch nichts über die Küsten-Regionen und den Rest der Welt und wie sie mit der Transformation umgehen. Haben auch die andern Erdenmenschen entschieden, als Einheit im Frieden zu leben …?

Außerdem wird mit der Kohle der Navajo Colorados Schmalspureisenbahn wieder instand gesetzt. Die Gegend verfügt über einige nostalgische Dampfeisenbahnen aus den 1870er und 1880er Jahren, die vor der Katastrophe als Museumsbahnen betrieben wurden. Zu den für den Tourismus bedeutsamsten Strecken gehörten die: Durango and Silverton Narrow Gauge Railroad im San-Juan-Gebirge sowie die Cumbres and Toltec Scenic Railroad entlang der coloradisch-neumexikanischen Grenze.

Erdgas wird in kleinen Mengen von der Stadt Farmington bezogen, welche über ein beträchtliches Vorkommen an Gasproduktionen verfügt. Erdgas ist ein brennbares, natürlich entstehendes Gasgemisch, das in unterirdischen Lagerstätten vorkommt. Es besteht hauptsächlich aus hoch entzündlichem Methan, die genaue Zusammensetzung ist aber abhängig von der Lagerstätte.

Die beiden Lehrerinnen freuen sich über die glückliche Liebe der Mutter und verbringen die Tage mit Reiten, Kochen im Hotel und begeisterter Mithilfe beim Einholen der Ernten.

Dwight hat im Wald mitten auf einer Lichtung einen magischen Platz gefunden, um für sich und Lilian ein Häuschen zu bauen. Beide lieben das Hotel, die aufrichtige Gesellschaft und das ungezwungene Zusammensein, aber trotzdem sehnen sie sich zwischendurch nach einem Ort des Rückzugs. Wie Johanna würden auch sie morgens zur Stadt laufen und tagsüber in der Praxis sowie in der Tierpension ihrer Beschäftigung nachgehen und nach dem gemeinsamen Abendessen heimkehren, um die Stille des Waldes zu genießen.

Als erstes besucht Dwight den Rat von Durango, welcher aus überlegenden Persönlichkeiten besteht, die im Besitz eines guten Gespürs für den tatsächlichen Bedarf der lokalen Bevölkerung sind. Dort meldet er seinen Landwunsch an, und wenn niemand anders während der nächsten 21 Tage

Interesse zeigt, darf er mit dem Bauen beginnen. Die Vorschriften sind gleich wie bei allem. Das Unterfangen muss mit Natur, Mensch und Tier harmonisch übereinstimmen. Da nur sehr bescheiden und mit limitierten Möglichkeiten gebaut werden kann, ist der Rest jedem Einzelnen überlassen.

Abends studieren Lilian und Dwight in alten Büchern des Museums die verschiedenen Bauarten der Vergangenheit, in der ähnliche technische Einschränkungen existierten.

Da gab es die Tipis, bestehend aus einem Holzgerüst und Segeltuchstoff, die jedoch leider nicht allzu stabil waren. Dann kam der Wigwam der Algonquian-Indianer, welcher bereits größer und robuster war. Danach gab's den Hogan, den traditionellen Navajo Shelter, der über Wände aus einem Gemisch von Stein und Erde verfügte und somit schon eine Energie-Effizienz aufwies. Später kamen Burdei und Barabara; beide Baustile wurden halbwegs im Untergrund gebaut und waren somit wind- und wetterfester.

Dwight entscheidet sich für die darauf folgende Clochàn-Bauweise – aus Irland. Die sogenannten Kraggewölbebauten aus Trockenmauerwerk gehören seit der Steinzeit bis in die Gegenwart zu den rustikalen Gebäuden. Als Trockenmauerwerk bezeichnet man ein Mauerwerk aus Bruch- bzw. Natursteinen, das ohne Zuhilfenahme von Mörtel errichtet wird. Zur Anlage einer Trockenmauer ist handwerkliches Geschick erforderlich. Je nach Größe und Mächtigkeit der Trockenmauer ist es notwendig, ein Fundament aus Schotter oder Schutt anzulegen. Traditionell wurden für Trockenmauern nur Natursteine verwendet, welche auch hier in der Gegend von Durango zur Genüge vorkommen. Häufig setzte man Lesesteine ein, aber auch Steinbruchmaterial kann bei anspruchsvolleren Bauwerken zur Anwendung kommen. In der Regel wird auch eine Hintermauerung aus kleineren, unregelmäßigen Steinen oder Steinbruchscherben hinter der Mauer eingebaut. Diese dient als Filter- und Frostschutzschicht.

Den ganzen Sommer über werden, unter der Aufsicht von Dwight, Steine zusammengetragen – von jedem, der gerade nichts anderes zu tun hat. Er reitet zwischen seiner Traumverwirklichung und der Stadt hin und her und freut sich über jede geleistete Hilfe in der Pension – wie beim Hausbau. Im Wald werden täglich zahlreiche Tiere durch die aufgestellten Futterstationen angezogen. Viele davon sind wilde ohne Markierungen. Andere, wie Pferde, Rinder usw. kommen oftmals auch von weit her, und es gibt sogar welche, die tragen Brandzeichen von Kalifornien. Die meisten sind einfach nur müde und hungrig, doch einige davon sind sehr krank, wie der Tierarzt John, der nun eng mit Dwight zusammenarbeitet, besorgt feststellt. Es handelt sich hier um Krankheiten, die schon vor der Katastrophe ausgebrochen waren, und zwar Zivilisationskrankheiten.

Nahezu alle Krankheiten von Haustieren, welche wir bei Hunden, Katzen oder Pferden vorfinden, haben mit dem Besitzer zu tun. Schlechte Haltung ist oft eine Ursache, jedoch überwiegend sind es die seelischen Verfassungen der Tierhalter, welche ausschlaggebend sein können. Treue Tiere haben die Tendenz, Belastungen und Sorgen ihrer Besitzer auf sich zu nehmen und anstelle des Herrchens krank zu werden.

Dwight hat wieder Halt gefunden auf seinem starken Fundament, welches er sich sein Leben lang aufgebaut hatte. Wenn man sich schuldig fühlt am Schicksal eines andern, ist da immer ein ungeklärtes Hauptgefühl – ein Auslöser. In Dwights Fall war es Kontrollverlust, wie Lilian mit Roger Grays Block Busting Methode herausfand. Er konnte das Geschehen nicht beeinflussen, deshalb scheute er sich vor tiefen, zwischenmenschlichen Beziehungen und Liebe; Dinge, die man nicht steuern kann. Da benötigt es Vertrauen gegenüber dem Fluss des Lebens.

Auf der Bühne und im Film war das Resultat von ihm abhängig und von ihm kontrollierbar, im wahren Leben jedoch fühlte er sich ausgeliefert und den Umständen ausgesetzt. Durch die gewissenhafte Auseinandersetzung dieser schweren Lebenserfahrung, fand er nun den Schlüsselbegriff seiner Suche nach Halt, Orientierung und Ordnung, und das war nicht Kontrolle – sondern Vergebung. Vergebung gegenüber sich selber und anderen beendet das Drehen des Rades und befreit sowie erlöst uns.

Diese Erkenntnis ermöglichte ihm die Verbindung mit seiner Ganzheit.

Die Realität erkennen, kreativ sein, den Körper wahrnehmen, Gedanken zentrieren, Gefühle analysieren und Liebe leben: All das gehört zur Ganzheit. Durch diese Grundlagen hat der Schwergeprüfte nun die Richtung entdeckt, die der ganzen Sache einen Sinn gibt – der Weg wird zum Ziel und mit täglichen, fesselnden Handlungen ist das Glücklich sein unumgänglich.

Im Herbst reisen Margrit und Page zurück nach Farmington, es ist zu ihrem Ort des leidenschaftlichen Handelns und einem Leben in Verbindung zur Ganzheit geworden.

## 26.

Ende Oktober ist das Steinhaus bezugsbereit. Es steht perfekt in einer wunderschönen Waldlichtung, umrahmt von Bäumen und Sträuchern. Zwei Meter daneben findet ein Fluss seinen Weg durch die Wildnis. Um das Haus führt eine Holzveranda, und Lilians Schaukelstuhl hat seinen Platz bereits eingenommen. Die Inneneinrichtung ist einfach, zweckmäßig und dennoch sehr romantisch. Der Boden hat die gleiche Beschaffenheit, alte Dachbalken, wie die Veranda, und in der linken Ecke befindet sich eine Feuerstelle mit Abzug nach außen. Gleich daneben stehen gepolsterte Bänke, überzogen mit grünem Samt aus einer eingestürzten Kirche. Dazu ein Tisch aus dem Saloon und ein antikes Kanapee mit geschwungenen Beinen, einer schlichten Zarge, einladend geschwungen und mit rostfarbigem Samt ausgepolstert. Als Standort wählt Lilian das Gegenüber der heimeligen Feuerstelle.

Die Kochnische ist klein aber zweckmäßig, und an den Wänden sind Vorrichtungen für Kerzen und Petrollampen installiert. Im Nebenraum befindet sich das Schlafzimmer, ausgestattet mit einer an der Decke befestigten Stahlstange zum Aufhängen der Kleider und einem Himmelbett mit einem Gerüst aus gleichem und somit fantastisch passendem Stahl. Beides hat Lilian im alten Durango-Theater entdeckt und fand es extrem einzigartig. Hinter dem Haus gibt es eine angebaute Toilette für die Privatsphäre und eine interessante Duschvorrichtung.

Das ist alles und genug – denn weniger ist mehr.

Die Menschen haben sich nun aus dem Warenberg weggeschaufelt. Es kostete in der alten Welt so viel Geld und Zeit, all unser Hab und Gut in Ordnung zu halten, zu pflegen und zu reparieren. Dazu kam, dass wir nach allgemeinen Einschätzungen nur etwa 30 Prozent unseres Eigentums nutzten und der Rest raubte uns Energie und kostete Anstrengungen, um es zu erhalten. Mehr zu haben, ist nicht gleich zu setzen – mit mehr glücklich sein, denn äußere Fülle schafft innere Leere. Sein oder Haben – was ist wichtiger …?

Eine maßvolle Lebensweise verlangsamt das Erspüren der eigenen Mitte, und wenn wir unsere Mitte nicht bewusst kultivieren, wird sie von anderen kolonisiert.

Um das Haus grasen Pferde, Schafe und Ziegen. Einige davon bleiben, aber die meisten ziehen wieder weiter und werden ersetzt durch Neuankömmlinge. Die Herbstsonne durchflutet die Waldlichtung und lässt alles in einem goldenen Glanz erscheinen, begleitet von der Musik des leisen, dahinfließenden Baches. Aufgrund dieses magischen Anblicks nennt Lilian den Ort „Blue Bayou" Ort der Harmonie, Stille und Zurückgezogenheit – eine Quelle der Inspiration und der inneren Einkehr. Nur Vogelstimmen sowie ab und zu ein Ächzen der Bäume im leichten Wind sind zu hören.

Das Leben bereitet allen so viel Freude, dass niemand auch nur mit einem einzigen Gedanken der Wehmut in die alte Welt zurückblickt – die alten Zeiten sind Geschichte. Der Alltag in der Transformation ist in erster Linie davon bestimmt, dass die Menschen mit ihren Gedanken so ziemlich alles erschaffen können. Die Macht der Gedanken ist die Grundlage, mit der das Leben bestimmt wird. Vor der Katastrophe stellten so viele ihre Gedanken auf Autopilot und realisierten nicht, dass die inneren Programme alles steuern, was man im Außen erlebt. Niemand ist Opfer von Zufällen oder Verkettungen unglücklicher Situationen, niemand ist dem sogenannten Schicksal ausgeliefert – jeder hat die Möglichkeit, sein Leben im Hier und Jetzt grundlegend zu ändern, indem er seine Gedanken verändert, seine Überzeugungen hinterfragt und seine unpassenden Programmierungen hinter sich lässt. Wer die universellen Gesetze kennt, kann alle Lebensumstände annehmen und verfügt über die Macht, diese unmittelbar zu verbessern. Alles ist möglich, lediglich unsere eigenen Begrenzungen haben uns eingeschränkt. Das Leben ist letztendlich nichts anderes als die Erfüllung eines Plans, und dieser Plan ist wiederum nichts anderes, als das, was wir uns selbst aufgetragen haben.

Spannend ist die Entwicklung der Senioren, die damals oft als gesellschaftliche Belastung empfunden wurden. Jemand, der keinen wirtschaftlichen Beitrag mehr leistete, war von geringem Wert. Demenz und Altersdepressionen machten sich breit. Beide Krankheiten haben ihren seelischen Ursprung in der Hilflosigkeit und Weigerung, mit der Tatsache umzugehen – „nutzlos" zu sein. Folgen waren Wut, Verzweiflung und Hoffnungslosigkeit. Die Menschen hatten das Gefühl, ihr Recht auf ein Weiterleben verloren zu haben.

In der neuen Epoche sind die Senioren ein enorm wichtiger Bestandteil der Gesellschaft, denn das Potenzial ihrer Weisheit und Lebenserfahrung ist von größtem Wert.

Das Verhalten der Senioren gegenüber der jüngeren Generation hat sich auch grundlegend geändert. Niemand wird für ihre Betreuung bezahlt, alles basiert auf freiwilliger Basis, und deshalb ist die Wertschätzung auch hier enorm groß. Die älteren Generationen übernehmen wieder Eigenverantwortung über ihre Gesundheit, ihr Wohlbefinden und ihre Energie. Sie sind sich ihrer Stellung in der Gesellschaft bewusst. Auch bei ihnen wird Einheitsdenken vorausgesetzt. Jeder wird in das Alltägliche involviert, mit Kleinigkeiten, immer im Bereich des Machbaren. Aufmerksamkeit, Hilfe und Anteilnahme werden von den Senioren mit Freundlichkeit und tiefer Dankbarkeit erwidert. Alter ist der Abend der Weisheit. Geist und Seele werden jedoch nie alt.

Alzheimer, die „Vergessenskrankheit" der alten Welt, ist förmlich verschwunden. Es war eigentlich nicht das Vergessen, welches ausschlaggebend war – es war das Wofür/Wozu.

Wenn jemand seine Autoschlüssel verliert, ist das nicht Alzheimer, wenn aber jemand seine Autoschlüssel in der Hand hält und nicht weiß, wofür diese Schlüssel sind, dann muss etwas unternommen werden.

Als allgemeine, emotionale Ursache dieser schleichenden, heimtückischen Krankheit bezeichnet man die Gleichgültigkeit – man will sich nicht mehr mit allem auseinandersetzen, wozu auch? Selbst denken lohnt sich nicht mehr und man ist müde, mit der Welt umzugehen, so wie sie ist. Diese Resignation fängt innerlich, oft Jahre vor der Diagnosestellung, an.

Heilend ist im Anfangsstadium die Selbsterkenntnis und Auseinandersetzung mit der eigenen Person, die Überzeugung: Es gibt auch für mich einen besseren Weg, das Leben zu erfahren, ohne aufzugeben – einfach nur weiterschreiten zur Freude. Man muss die Welt nicht verstehen, man muss sich nur darin zurechtfinden.

## 27.

Es ist Weihnachtszeit, schon die zweite in der neuen Epoche, aber die erste gemeinsame für Lilian und Dwight. Sie leben nun schon etwas mehr als einen Monat in Blue Bayou und sind dankbar für jeden Tag des herzlichen Zusammenseins.

Ihre Liebe ist aufgebaut auf einer in Freiheit gegründeten Beziehung – zwischen zwei Personen, die ihren Wert im dialogischen Raum entfaltet. Sie erkennen einander in ihrer Existenz wechselseitig an und fördern sich „zueinander strebend" gegenseitig. Lilian liebt Dwight, weil er da ist und nicht weil er so ist. Es ist Hinwendung und Zuwendung zum Anderen, dem Wertschätzung, Aufmerksamkeit und Zärtlichkeit geschenkt werden.

Eine entspannte Nähe zu einem anderen Menschen ist nur möglich – wenn man sich wohlfühlen kann, mit sich selber. Diese selbstständige Liebe erlaubt es dem anderen, uns wirklich zu sehen. Eine erfolgreiche Beziehung braucht heute wie damals: Verständnis, Selbstverantwortung, Toleranz, Klarheit, Verpflichtung und Konfliktlösung.

Wenn die beiden mal nicht in die Stadt laufen und den Tag im Wald bleiben, genießen sie ihr Heim in vollen Zügen. Dwight macht schmackhafte Geiskäse-Omelettes mit kaltem Kräutertee, und den Nachmittag verbringen sie draußen, in Gesellschaft der Tiere. Am Abend sitzen sie beim offenen Feuer und unterhalten sich intensiv über Ethik, Wertvorstellungen und die Magie der Träume.

Dass es einmal kommunikationslose Zeiten vor dem Fernseher gab und den steifen Austausch am kalten, leblosen Computer, ist nun fast nicht mehr nachvollziehbar.

Die beiden werden zu unzertrennlichen Freunden mit einer unbeschwerten Teenager-Verliebtheit. Es ist das tiefste Bedürfnis der Menschheit, mit einer Person auf gleicher Ebene zusammen zu sein – es steht über dem Körperlichen. Mit Respekt, emotionaler und ethischer Intelligenz erreicht man diese gleiche Ebene, welche zu einem erfüllenden Austausch führt.

Lilian und Dwight lieben es, Tage und Nächte zusammen zu verbringen, einander zu unterstützen in allem, auch in persönlichen Angelegenheiten. Es ist wertvolle Qualitätszeit für beide und entwickelt ihre mentale Verbindung um ein Weiteres.

Sie geben einander die perfekte Balance, spiegeln sich in ihren Stärken sowie Schwächen und sind der lebende Beweis, dass Liebe auf den ersten Blick wirklich existiert.

Dwights Schwester Judy gewinnt durch ihre Bereitschaft zur Aktivierung ihres Lebensflusses täglich an Lebensfreude und Gesundheit. Das dadurch zurückgewonnene Urvertrauen kann ihr die endlosen Möglichkeiten des Lebens eröffnen. Sie erlebt nun die unumgängliche Folgeerscheinung – Liebe und Glück.

Um noch mehr über Kräuter und Pflanzen zu erfahren, nahm Bidziil bei einem seiner wöchentlichen Besuche die wissenshungrige Judy mit in sein Dorf.

Die Erkenntnis, dass der Mensch im Grunde genommen eine umgekehrte Pflanze ist, überwältigte sie.

In der anthroposophischen Medizin geht man von einer Dreigliederung des menschlichen Organismus aus: Der Kopf steht für Nerven und Sinnessystem, in der Körpermitte spielt das rhythmische System von Herz, Lunge und Blutkreislauf die zentrale Rolle, und im unteren Teil werden der Stoffwechsel, die Gliedmaßen und die Fortpflanzung verortet. Dieselbe Dreiteilung findet sich auch bei den Pflanzen – nur im umgekehrten Verhältnis, denn da wo sich die Pflanze mit der Erde verbindet, im Bereich der Wurzeln, streckt der Mensch seinen Kopf zum Himmel.

Wurzelkräfte sind daher besonders hilfreich bei Erkrankungen im Kopf – bei solchen, die vom Nerven- und Sinnessystem ausgehen. Bei einer Person mit einem Trauma durch eine Gehirnerschütterung hilft Arnikawurzel. Umgekehrt wirkt alles, was mit den Blüten und Samen der Pflanze einhergeht, besonders gut auf das Stoffwechselsystem des Menschen. Einen Bluterguss im Bein behandelt man hier im Dorf darum mit den oberirdischen Teilen – den Blüten der Arnika.

Judy lernte von den Hopis die Weisheit der Pflanzenwelt – und blieb.

Von großer Wichtigkeit ist für sie der Fakt, dass die Pflanzen erst zum Heilmittel werden, wenn man sie sich zum Freund macht – sie kennt, ihnen vertraut und sich somit auf sie verlassen kann. Und auch dies ist mit dem Mensch gleichzusetzen – wenn man sich kennt, kann man sich vertrauen und somit ist man fähig, sich auf die eigene Person zu verlassen. Angefangen damit: Man macht sich selber zum besten Freund.

Der zweite Grund, welcher Judy zum Bleiben veranlasste, war Bidziil – sie fing an, sich in ihm zu erkennen, und das ist Liebe, die Wahrheit im Herzen des Universums. Sie konnte in seine Augen schauen und akzeptieren, was sie sah – auch ihre Unzulänglichkeiten, und dadurch erschienen sie ihr auf einmal gar nicht mehr so schlimm. Judys Augen strahlen, sie ist mit sich im Reinen, zufrieden, angekommen, sie mag sich und feiert ihr Leben.

Wenn wir unserem Herzen folgen, belohnt uns das Gehirn, indem es bestimmte Botenstoffe, wie Dopamin und Serotonin ausschüttet. Diese Transmitter sorgen dafür, dass wir uns so richtig gut fühlen.

Zur Weihnachtszeit treffen sich jedoch alle wieder im Hotel bei Annie; eine wertvolle Tradition, welche von allen geschätzt und aufrichtig bewahrt wird. Kultur und Tradition sind das Rückgrat einer Nation und wichtiger Bestandteil des sozialen Verhaltens.

Religion hingegen gehört in der Transformation nicht mehr zur Kultur. Zu oft und zu viel haben die Menschen damals den Glauben als Grund für Krieg und Tod vorgeschoben. Religion und Gewalt gehörten in der alten Welt zusammen. Von den Kreuzzügen bis zum „Islamischen Staat" spielten Religionen in so vielen Konflikten eine Rolle. Sie stifteten zu Mord, Krieg und Terrorismus an. Es gab Gewalt in allen Religionen, selbst der Buddhismus war nicht immer nur friedfertig. Religion setzte tiefste Energien frei und goss bei Konflikten oft Öl ins Feuer. Gefährlich wurde es, wenn eine Religion ihre Wurzeln verlassen hatte und ihre eigenen Prämissen nicht mehr verstand, weil sie radikal interpretiert wurden – welches damals der Fall beim so genannten „Islamischen Staat" war, und dies führte zum totalen Missbrauch einer Glaubensrichtung, von Menschenhand manipuliert, zum Freibrief für unglaubliche Gräueltaten.

In der neuen Epoche hat man alle Religionen und Glaubensgemeinschaften aufgelöst – an deren Stelle ist die Wahrhaftigkeit getreten. Wahrhaftigkeit ist nichts anderes als Leben in der vollkommenen Wahrheit. In vielen Regionen wurden spirituelle Center errichtet. Hier trifft man sich zum Meditieren und Beten, welches im täglichen Leben sehr dienlich ist. Es bereichert die Menschen und hilft ihnen, besser aus noch vorhandenen, alten Gewohnheiten herauszutreten. Der Glaube ist ausschlaggebend, denn der Glaube macht Dinge möglich.

## 28.

An Heilig Abend machen sich alle aufmerksam und liebevoll zurecht. Auch Lilian zieht ihr Weihnachtskleid im Nataya-Vintage-Style vom letzten Jahr an. Die altrosa/gold Farbe steht ihr besonders gut und gibt ihrer Erscheinung einen weichen Ausdruck. Lächelnd betrachtet sie die wenigen, aber völlig ausreichenden Schönmacher, die sich noch in ihrem Toilettentäschchen befinden. Sie legt etwas Rouge auf ihre Wangenknochen, verleiht den Augen mit einem rauchschwarzen Lidstrich sowie reichlich Mascara noch mehr Ausdruck und vollendet das Ganze mit einem blassen, rosa Lippenstift.

Die langen Haare lässt sie sich von Johanna hochstecken, während sie Dwight vorsichtig aus ihren Augenwinkeln beobachtet. Auch er trägt seine besten Kleider, welche die attraktive Erscheinung noch um ein Weiteres untermalen. Die grau melierten Haare fallen schmeichelnd auf die breiten Schultern, und seine maskuline Ausstrahlung raubt Lilian den Atem. Sie weiß jedoch, dass der heutige Abend für ihn auch mit viel Traurigkeit verbunden ist, und lässt ihn deshalb besonders bewusst ihre behutsame Nähe und grenzenlose Liebe spüren.

Der große, durchtrainierte Allen und die dynamische Johanna, sind ein unglaublich schönes Paar. Ihre Baumhütte befindet sich nur etwa 500 Meter von Blue Bayou entfernt, und sie sind gerade angekommen, um gemeinsam mit Lilian und Dwight zur Weihnachtsfeier zu fahren. Das bodenlange Kleid schmeichelt Johannas Figur in jeder Hinsicht, und sie hat die hüftlangen Haare zu einem dicken Zopf geflochten, welchen sie locker an ihrer Herzensseite herunterhängen lässt. Da alle so chic aussehen, wie jedes Jahr, hat Allen bereits zuvor entschieden, seinen Gemüsewagen, an zwei Pferde zu binden und ausnahmsweise nach Durango zu fahren. Den ganzen Nachmittag hat er das Holzgefährt auf Hochglanz poliert und mit Dekorationen geschmückt. Johannas selbstgebackene Brotzöpfe riechen herrlich, und die vier besteigen gut gelaunt ihr romantisches Transportmittel. Während der Fahrt, alle haben sich mit warmen Decken zugedeckt, erfüllt Dwight Lilian und ihrer Tochter auch gleich deren Weihnachtswunsch und singt den Hallelujasong, in seiner eigen, lieblichen Art. Es ist das Lied ihres Kennenlernens, und Lilians Herz schlägt heute noch ganz wild, wenn sie an diese schicksalshafte Begegnung zurückdenkt. Johanna begleitet ihn auf der Gitarre, und der Klang der Musik verbreitet sich sanft durch die stille Nacht.

Als sie den Stadt-Eingang erreichen, verschlägt es allen die Sprache. Hunderte von Kerzen säumen die Hauptstraße, und die Menschen verteilen warmen Tee mit fantastisch duftendem Gebäck.

Im Hotel haben sich bereits viele Gäste eingefunden, und es werden jedes Jahr mehr. Margrit und Paige laufen den Ankömmlingen begeistert entgegen und begrüßen sie liebevoll. Lilians Jüngste strahlt in ihrer Einzigartigkeit übers ganze Gesicht. Auch sie trägt ein festliches gelbes Kleid, welches ihre fantastischen, türkisblau-grünen Augen zum Mittelpunkt ihres leuchtenden Aussehens macht. Lilian hat die sympathische Paige, mit ihrer offenen herzlichen Ausstrahlung und dem aufrichtigen Charakter extrem lieb gewonnen. Die beiden Lehrerinnen sind schon seit Tagen in der Stadt, logieren wie üblich hier im Haus und helfen aus, wo sie nur können. Die Küche ist heute Abend in den festen Händen von Judy, Bidziil und mehreren Freiwilligen. Zum Essen setzen sich alle an den langen, festlich gedeckten Tisch und staunen über das köstliche Weihnachtsmahl.

Den Anfang macht eine schmackhafte Kürbissuppe mit Sonnenblumenkernen, dann gibt's Blattsalat mit Birne und als Hauptgericht mexikanische „Enchilada verdura". Dies ist ein Zauberwerk aus Weizentortillas gefüllt mit Zucchini, Paprikaschoten, Auberginen, gepressten Tomaten, Mais, Bohnen, Chili aus Santa Fe, und das Ganze ist knusprig überbacken mit mildem Schafskäse.

Man redet, lacht und hört sich die interessanten Geschichten und Erlebnisse jedes Einzelnen an. Später setzen sich alle zum offenen Kamin und singen die altbekannten Christmas-Songs. Die meisten haben Tränen in den Augen, bei den Klängen der vertrauten und besinnlichen Melodien und halten sich an den Händen. Es ist die unbeschreibliche Zusammengehörigkeit einer einfachen, bescheidenen und doch so reichen Gemeinschaft. Besonders an Weihnachten wird das Gefühl der Geborgenheit, Vertrautheit und des Füreinander Daseins noch einmal gestärkt und macht bewusst, wie wichtig die Gesellschaft in ihrer Einheit doch geworden ist – auch ohne religiösen Hintergrund.

Mit großer Dankbarkeit verabschieden sich die meisten Gäste kurz nach Mitternacht, und auch Lilian und Johanna machen sich mit ihren Männern auf die Heimfahrt. Die Frauen kuscheln sich sofort in die Decken und schließen ihre Augen.

Seit der Katastrophe fallen die Winter-Monate mild und sehr angenehm aus. Die Männer besprechen noch den morgigen Tag, während Allen die Pferde ruhig durch den schweigenden Wald lenkt.

Immer wieder schaut Dwight zu der schlafenden Lilian und kann ihr gemeinsames Glück nur schwer fassen. Er fragt sich, ob er sie damals, in der schnelllebigen Zeit, überhabt erkannt hätte und wenn, wäre er sich des unglaublichen Segens wirklich bewusst gewesen?

Für ihn ist Lilian eine wahre Bereicherung, beschenkt mit einem überaus sonnigen Gemüt. Sie nimmt das Leben, wie es ist, lässt sich niemals unterkriegen und macht stets das Beste aus allen Dingen. Von ihrem Optimismus, der Lebensfreude und dieser Energie lässt sich Dwight täglich aufs Neue anstecken. Ihre gute Laune und stete Zuversicht ist einfach mitreißend.

Über eines ist sich Dwight in dieser sinnlichen, unvergesslich idyllischen Nacht im Klaren: Er möchte Lilian heiraten, um diese tiefe, aufrichtige innere Verbundenheit äußerlich zum Ausdruck zu bringen.

Heiraten basiert auf Liebe, Frieden, Respekt und absoluter Ehrlichkeit gegenüber einer anderen Person und vor allem gegenüber sich selbst. Zwei Menschen lieben sich, haben gelernt, sich zu vertrauen und entscheiden sich für ein gemeinsames Leben. Die Ehe ist ein Versprechen an sich selber, bei der geliebten Person zu bleiben, an guten wie in schlechten Tagen. Beide sind auf ihrem Weg so weit, dass sie sagen können: In unabhängiger Liebe bilden wir zusammen eine Einheit – ein Ganzes – Ying und Yang.

Dwight blickt in den sternenklaren Himmel, und ihm wird bewusst, dass alle Wünsche, Träume und Hoffnungen von ihm stets definiert worden sind, jedoch nie wahrlich gefühlt. Wie oft wollte er damals sein Leben positiv verändern, was selten gelang, und nun erkennt er, dass positives Denken alleine nicht genügt – man muss es fühlen, sich in die Situation hineinbegeben. Gefühle zu offenbaren und fließen zu lassen, ist ein wesentlicher Teil der Öffnung für Erfahrungen und bedeutet Bereitschaft, das Gewünschte zu erleben.

Dieser errungenen Weisheit verdankt er die kommenden Jahre, denn die Zukunft, das gemeinsame Wachsen und harmonische Älterwerden mit Lilian, fühlt er so stark – so real.

Es ist eine wunderschöne Weihnacht, mit allem, was wirklich zählt – dem Wesentlichen.

# 29.

Der Jahresbeginn kommt und geht, und wie meistens wartet man an diesem sonnigen Mittwochmorgen ungeduldig auf das Eintreffen der berittenen Post. Die beiden jungen Männer werden begeistert begrüßt und mit reichlich Nahrung versorgt. Natürlich haben sie viel zu berichten, und diesmal legen sie ausführliche Berichte aus Salt Lake City auf den Tisch, welche unbedingt in Umlauf gebracht werden müssen.

Eine Gruppe von Ärzten arbeitet erfolgreich an dem Phänomen „Spontanheilung", das sich jedoch medizinisch-wissenschaftlich nicht erklären lässt.

Ohne Behandlung verschwanden die Plaques in den Herzkranzgefäßen eines Patienten, oder ein Aneurysma im Gehirn bildete sich zurück. Die Erkrankungen, die diese Patienten spontan überwunden hatten, waren auf medizinischer Basis nicht behandelbar. Die Medizin hat ihre Grenzen, der Mensch nicht.

Die Ärzte fanden darauf die Bestätigung, dass der Mensch sich selbst heilen kann. Den Beweis nennt man „Placebo-Effekt". Patienten wurden ohne ihr Wissen mit einer Scheintherapie behandelt, und da viele Medikamente sowieso nicht mehr erhältlich sind, gab man ihnen Zuckertabletten. Das Verblüffende: Ihnen ging es anschließend besser. In den Schmerzbehandlungen waren die Placebos sogar ähnlich wirksam wie Morphium. Bei etwa der Hälfte der Asthmatiker ließ sich mit einem wirkstofffreien Inhalator eine Verbesserung der Beschwerden erreichen. Mit Scheinakupunkturen konnte die Häufigkeit von Hitzewallungen bei Frauen in den Wechseljahren halbiert werden. Die Mediziner sind sogar im Besitz von Belegen über die Heilkraft bei Scheinoperationen. Sie sind sich nun sicher, dass eine positive Haltung extrem viel mit der Heilung zu tun hat.

Bei positivem Denken übernimmt das sogenannte parasympathische Nervensystem das Steuer und navigiert den Körper in einen ruhigen Zustand. Er ist nun zu einem erstaunlichen Akt der Selbstreparatur fähig; gesundheitsfördernde Entspannungshormone werden freigesetzt. Enzyme können Reparaturprozesse anstoßen, Immunzellen vertilgen Entzündungserreger, freie Radikale werden unschädlich gemacht.

Positive Gefühle sind verbunden mit Ideen, welche der Entfaltung dienen, negative Gefühle sind verbunden mit Ideen, welche die Entfaltung einschränken. Kranksein ist ganz einfach der Zustand von negativem Denken oder gegen den Strom schwimmen. Im Körper passiert nichts, was nicht vorher im Kopf, mental, schon vorhanden war.

Eigentlich hatte man solche Erkenntnisse schon in der alten Welt, doch weil der Glaube und die Bereitschaft zur Umsetzung fehlten, war es damals so schwer. Franz Anton Mesmer, ein australischer Arzt hat im 17. Jahrhundert Krankheiten mit Magneten geheilt. Durch Hypnotrance hat er den Patienten die Leiden aus den Körpern gezogen. Der Prozess jeder Heilung ist eine positive, mentale, innere Einstellung – die Art wie man denkt, genannt Glaube.

Ein guter Arzt mit einem aufrichtigen, tatsächlichen Interesse an der Genesung seiner Patienten hätte sich doch schon immer an einen runden Tisch der Heilung setzen wollen. Eine gleichberechtigte Runde von Schulmedizinern, Therapeuten, Lebensberatern und Patienten. Der Kranke entscheidet in Eigenverantwortung, von welchen Behandlungen er profitieren möchte und welche ihn persönlich ansprechen. Seine intuitive Einschätzung wird von allen respektiert. Zuerst erschreckt einen das Unbekannte, doch dann wird man belohnt von den unbegrenzten Möglichkeiten.

Diese Neuigkeiten sind Musik für Lilians Ohren und bestärken sie in ihrer Einstellung, dass das Gefühl der Heilung – Heilung produziert. Danach gibt es noch spannende Informationen über Neuentdeckungen auf dem Gebiet des Anbaus und der Ernte, und zum Schluss erzählen sie noch ein paar fesselnde Geschichten von ihren Begegnungen mit Reisenden.

Wie immer werden die Rocky Mountains von oben oder von unten durchquert, jedoch hat es noch keiner der neugierigen Wanderer geschafft, irgendetwas über den Süden oder höheren Norden in Erfahrung zu bringen. Alle schauen sich betroffen an, und Annie kann das nur bestätigen, denn die Gäste, die das Hotel besuchten und sich dann Richtung Mexico aufmachten, sind nie wieder zurückgekehrt. Sie verstummt, und die unausgesprochene Frage, was und wer hat außerhalb der Rockies überlebt, und wie schwebt durch den Raum und bleibt unbeantwortet.

Lilian setzt sich noch am gleichen Tag an die alte, verrostete Schreibmaschine von Annie, um ihre Erfahrungen „der Aktivierung – zur Selbstheilung bei Krebs" zu Papier zu bringen. Das einzige Farbband, das noch nicht ganz ausgetrocknet ist, enthält die Farbe Rot. Wenn der Ponyexpress dann nächste Woche, auf dem Weg nach Norden, seinen üblichen Stopp in Durango einlegt, wird sie den jungen Männern ihre Unterlagen auch gleich mitgeben.

Sie beginnt den Bericht mit erlernten Kenntnissen, der klaren Definition von Unterbewusst- und Bewusstsein.

Im Allgemeinen ist das Unterbewusstsein zum einen der Sitz unserer Triebe, Instinkte und Gefühle.

Die Triebe sichern unser Überleben und kümmern sich um die Fortpflanzung, sowie die Nahrungssuche bzw. -beschaffung. Die Instinkte reagieren automatisch bei Gefahren, Verletzungen und Angriffen unseres Territoriums – auch Intuition genannt. Die Gefühle sind das Navigations-System unseres Lebens. Oft schenken Sie uns unvergessliche Momente. Unanalysiert können sie uns jedoch auch behindern und limitieren.

Zudem ist das Unterbewusstsein ein gigantischer Informationsspeicher, in dem alles, was uns jemals im Leben passiert ist, gespeichert wird. Alle Erfahrungen, Erlebnisse, Gefühle und jegliches Wissen sind hier vorhanden; es ist unser Buch des Lebens. Ungelöste Erlebnisse können jedoch zu lebenslangen Verhaltensmustern und Programmierungen führen, die uns daran hindern, unser Dasein zum vollsten Potenzial auszukosten. Das Unterbewusstsein ist die Dunkelkammer – der geheime Ort, wo wir unser äußeres Leben entwickeln.

Das Unterbewusstsein ist der weiseste, intelligenteste, ehrlichste und liebenswerteste Teil in uns.

Mit unserem Bewusstsein prüfen, sortieren, bewerten und entscheiden wir. Leider vergessen wir dabei viel zu häufig, dass es auch eine andere Instanz in unserem Entscheidungsempfinden gibt – die Intuition. Durch die unglaublich fortgeschrittene Technik haben wir damals verlernt, auf sie zu hören, und wenn wir die Vibrationen des Unterbewusstseins realisierten, verwarfen wir sie mit unserem „Verstand". Tag und Nacht vertrauen wir unsere Herzfunktion, Lungen und den Verdauungsprozess usw. sorgenfrei unserer Intuition an. Doch sobald sich unser Instinkt meldet, um uns zu warnen – mit einer Vorahnung oder um uns einen Rat zu erteilen, glauben wir, mit dem Verstand alles regeln zu können.

Wenn wir mit dem Kopf all unsere Probleme lösen könnten, dann hätten wir keine.

## 30.

Die nächtliche Ruhephase geht zu Ende, die Sonne sendet ihr warmes Licht in den hereinbrechenden Morgen, und es beginnt ein neuer Tag. Beim Schlafen, Beten sowie Meditieren wird man spirituell aufgeladen und mit Lösungen bereichert.

Jeder erwacht, weil er die Augen öffnet und sein Körper völlig erholt, entspannt und mit Lebensenergie aufgeladen ist. Man wacht auf, weil ein innerer Rhythmus dies so bestimmt und man nun für die aktive Phase des Tages bestens gerüstet ist. Die Natur, die Tiere und die Pflanzen haben alle eine eigene Rhythmik, die jeder achtsam befolgt.

Etwas, welches sich in der neuen Epoche auch grundlegend geändert hat, ist die Einstellung zum Sterben. Lilian durfte damals in der Schweiz einige Menschen in ihrem letzten und wichtigsten Lebensstadium begleiten. Dabei fiel ihr auf, dass neben der Angst vor dem Ungewissen Sterbende erstaunlich oft die gleichen Dinge bereuen. Das Traurige war, dass diese Menschen keine Chance mehr hatten, noch etwas zu ändern. Sie wussten, was sie hätten anders machen sollen. Aber es war keine Zeit mehr dazu. Zu den 5 gängigsten Selbstvorwürfen gehörten:

„Ich wünschte, ich hätte den Mut gehabt,
mein eigenes Leben zu leben."

„Ich wünschte, ich hätte weniger gearbeitet und
mich mehr um meine Familie gekümmert."

„Ich wünschte, ich hätte den Mut gehabt,
meine Gefühle auszudrücken."

„Ich wünschte, ich hätte den Kontakt
zu meinen Freunden besser gehalten."

„Ich wünschte, ich hätte mir selbst erlaubt,
öfter glücklich zu sein und das Leben zu genießen."

Deshalb macht es sich eine Gruppe Frauen zur sinnvollen Aufgabe, die Senioren regelmäßig danach zu befragen. Anstatt sie wie früher daran zu erinnern, dass sie ihre Tabletten und Vitamine nehmen, stellen sie heute sicher, dass jeder seine „fünf Bedauern" kennt und danach lebt, solange er noch kann. Die älteren Menschen wünschen nicht mehr – sie werden es einfach und sie tun es einfach.

Somit hat der Tod den Schrecken verloren, da nun allen bewusst ist, dass absolut nichts jemals verloren geht und das Sterben nur der bewusste Austritt der Seele aus dem Körper ist – sie legt ihren schweren Umhang ab. Der Tod selber ist nie schmerzvoll, nur das physische Elemental.

Ein Engel wird die Silberschnur trennen, welche die Seele mit der irdischen Hülle verbindet, da sie ihre Aufgabe erfüllt hat. Der Mensch wird nicht verwandelt in ein himmlisches Wesen, sondern bleibt der, der er war. Das Gesetz lautet: wie auf Erden – so im Himmel. Danach kann er den zurückgelegten Weg betrachten und selber beurteilen. Das Gute wird aufbewahrt und das Schlechte vermerkt, um es dereinst zu meistern. Alles muss irgendwann mal ausgeglichen werden.

Die Geburt ist in Wahrheit das Sterben der himmlischen Wirklichkeit und der Tod ist die eigentliche Geburt.

Dominiert wird jedoch das neue Zeitalter von wahrhafter Kreativität – es geht um die Wiederverzauberung der Welt. Die Natur wird zum Spiegelbild dieser Energien, welche vom Mensch bestimmt werden – mit intelligenten Schöpfungen. Die Erde unter ihren Füßen schenkt ihnen Sicherheit, nährt sie und gibt ihnen Schutz. Sie wissen nun, dass die Natur, genau wie Mensch und Tier, sich wehrt – wenn sie auf Dauer schlecht behandelt wird. Die neu gewonnene Freiheit bedeutet nicht, dass jeder machen kann, was er will; sie bedeutet, dass niemand mehr etwas machen muss, was er nicht will.

Demut und Achtsamkeit schützen die Überlebenden vor Stolz und Hochmut. Wenn Angst hochkommt, findet man sofort eine Sache, die das Stammhirn in Ekstase versetzt und Neugierde weckt, denn Angst macht das Leben eng, verursacht menschliche Schwächen und schlechte Charaktereigenschaften.

Vergebung gewährt der Gesellschaft Halt und Orientierung. Die Stille wird zum kostbaren Gut und unverzichtbar, um geistig und körperlich fit zu bleiben. Was sich in der Stille zeigt – ist Gnade, und Gnade hat die Fähigkeit, selbst die dunkelsten Schatten aufzulösen.

Dankbarkeit ist ein universelles Prinzip und verbindet die Überlebenden in ihren Herzen.

Durch die artgerechte Behandlung strahlt die Umwelt jeden Tag aufs Neue etwas von der Herrlichkeit des geistigen Ursprungs aus. In der Natur liegt die Kraft unseres Daseins, unserer Herkunft – unserer Zukunft. Die Natur kann jederzeit ohne uns leben, wir jedoch sind auf sie angewiesen. Die selbstlose Liebe zu den Tieren bewahrt die Menschen nach der Transformation vor innerer Erstarrung.

Das Gute erhält die volle Aufmerksamkeit, denn alles was mit Aufmerksamkeit beschenkt wird – davon wird es mehr. Die Einstellung zur Sache hat das Resultat der neuen Zeitepoche verändert. Die Menschen sind sich bewusst über ihre Absicht, deshalb wissen sie, welche Wahl zu treffen ist, und so kreieren sie schlussendlich ihr eigenes Leben.

Ich bin dann glücklich, erfüllt und zufrieden,
wenn ich ein Leben führe, das zu meiner Persönlichkeit,
zu meinen Stärken und zu meinen Schwächen passt.

Ich bin glücklich und zufrieden,
wenn meine persönlichen, individuellen Bedürfnisse
erfüllt werden.

Und ich bin glücklich und zufrieden,
wenn mein Leben eine Richtung hat.

Sie suchen die Liebe nicht im Außen, sondern in ihrem Innern und erhalten damit den Frieden in der neuen Epoche. Die Menschheit musste nicht ins dunkle Mittelalter zurückversetzt werden, nein, da waren sie ja gerade – schon zum zweiten Mal. Sie brauchten wieder mal eine Welt, in der die Natur regiert und die Technik schweigt oder sich unterwirft.

Das Leben nach der Katastrophe hat den Menschen gezeigt, in welche Richtung sie schauen müssen – was sie gesehen haben, bestimmten sie jedoch selber. Sie sahen in der Krise eine Chance. Die Erde erlebte einen Rückzug in die Vergangenheit, doch diesmal reagierte die Menschheit einheitlich, harmonisch, respektvoll und bestimmte somit ihre eigene Zukunft, zum Allerbesten – einem Ort des Übens, Lernens, Wachsens und der wahren Liebe.

Man kann mit drei Wörtern alles zusammenfassen, was das Leben die Menschheit in den vergangenen drei Jahren der Umwandlung gelehrt hat: Es geht weiter!

Sie haben geliebt und wurden geliebt, und somit war nichts umsonst.

Everybody has a vision – and this is mine.

Love, Rose

# Die Autorin

Rose K. wuchs in den Schweizer Bergen auf.
Mit 20 Jahren heiratete sie, mit 32 Jahren
wanderte sie nach Amerika aus und erwarb dort
die Zertifizierung zur Psychotherapeutin. Seit 2012
lebt sie wieder in der Schweiz und unterhält eine
Beratungspraxis für Psychotherapie und Psychoonkologie in der Nähe von Zürich.

„Der Tag, an dem die Vergangenheit zur Zukunft wird" ist die unabhängige Fortsetzung ihres
Buches „Licht in den dunklen Gassen des Lebens".

**novum** ▲ VERLAG FÜR NEUAUTOREN

# Der Verlag

> *Wer aufhört
> besser zu werden,
> hat aufgehört
> gut zu sein!*

Basierend auf diesem Motto ist es dem novum Verlag ein Anliegen neue Manuskripte aufzuspüren, zu veröffentlichen und deren Autoren langfristig zu fördern. Mittlerweile gilt der 1997 gegründete und mehrfach prämierte Verlag als Spezialist für Neuautoren in Deutschland, Österreich und der Schweiz.

**Für jedes neue Manuskript wird innerhalb weniger Wochen eine kostenfreie, unverbindliche Lektorats-Prüfung erstellt.**

Weitere Informationen zum Verlag und
seinen Büchern finden Sie im Internet unter:

w w w . n o v u m v e r l a g . c o m

Rose K.

# Licht in den dunklen Gassen des Lebens

ISBN 978-3-99026-029-6
160 Seiten

„Licht in den dunklen Gassen des Lebens" schildert die Lebensgeschichte der Autorin Rose K.: den Verlust ihres Ehemannes, den Kampf gegen die tödliche Krankheit Krebs, finanzielle und emotionelle Not in einem fremden Land, interessante Reisen, Rückzug und Isolation und schließlich den Neubeginn einer alleinstehenden Frau sowie verantwortungsbewussten Mutter.